Secretos para dominar la entrevista laboral y alcanzar el empleo deseado

ENTREVISTA LABORAL

First edition. November 2, 2023.

ISBN: 979-8224614301

Written by Gonzalo Estrada.

Tabla de Contenido

Contenido

GONZALO ESTRADA

Capítulo 17: El arte de aceptar una oferta de trabajo

Capítulo 1: La importancia de prepararse para una entrevista laboral

En este capítulo, se analizará la relevancia de una adecuada preparación previa a una entrevista laboral y cómo puede aumentar las posibilidades de obtener el empleo deseado. La importancia de este proceso radica en el hecho de que una entrevista laboral es el primer acercamiento con el potencial empleador, donde se evalúa la idoneidad del candidato para ocupar el puesto.

La preparación para una entrevista laboral comienza mucho antes del día señalado. Requiere investigar y conocer la empresa a la que se está postulando. Es fundamental comprender su misión, visión y valores, así como su posición en el mercado y su reputación. Esto permitirá al entrevistado tener una idea clara de cómo encajaría en el entorno laboral y cómo podría contribuir al crecimiento de la organización.

Además de investigar sobre la empresa, es importante conocer el puesto al que se está aplicando. Esto implica estudiar la descripción del trabajo, las responsabilidades asociadas y las habilidades requeridas. Al familiarizarse con estos detalles, el candidato podrá resaltar de manera efectiva su experiencia relevante y cómo cumple con los requisitos del puesto.

Otro aspecto primordial de la preparación previa a una entrevista laboral es la revisión y actualización del currículum vitae. El CV es una herramienta esencial para captar la atención del empleador y destacar las cualidades que nos hacen aptos para el empleo. Es fundamental asegurarse de que el CV esté bien estructurado, completo y libre de errores gramaticales o de ortografía. Además, es recomendable adaptar el currículum a las necesidades de la empresa y destacar aquellos logros y habilidades que sean relevantes para el puesto.

Asimismo, es necesario practicar respuestas a preguntas comunes en las entrevistas laborales. Algunas preguntas típicas suelen estar relacionadas con la experiencia laboral, habilidades, fortalezas y debilidades. Preparar respuestas claras y concisas ayudará a transmitir confianza y seguridad durante la entrevista.

La preparación física también juega un papel importante. Es recomendable vestirse de forma acorde al ambiente de trabajo de la empresa, sin descuidar la pulcritud y profesionalismo. Además, es fundamental planificar los tiempos de desplazamiento, asegurándose de llegar a tiempo para la entrevista y evitar el estrés innecesario.

Finalmente, es fundamental practicar la comunicación verbal y no verbal durante una entrevista. Esto implica el lenguaje corporal, la entonación y el manejo del lenguaje. Practicar con un amigo o familiar puede ser de gran ayuda para adquirir confianza y mejorar la forma en la que nos expresamos.

En resumen, la preparación previa a una entrevista laboral es esencial para aumentar las posibilidades de obtener el empleo deseado. Investigar sobre la empresa y el puesto, revisar y actualizar el currículum, practicar respuestas a preguntas comunes y mejorar la comunicación verbal y no verbal son aspectos clave para destacar como candidato durante la entrevista.

No olvides que el siguiente capítulo abordará las estrategias para enfrentar una entrevista laboral de manera exitosa. En la segunda mitad de este capítulo, continuaremos explorando los aspectos esenciales de la preparación previa a una entrevista laboral.

Otro aspecto importante a tener en cuenta es la investigación sobre el entrevistador. Familiarizarse con su rol dentro de la empresa y su trayectoria puede ser beneficioso para establecer una conexión más sólida durante la entrevista. Además, investigar sobre el estilo de entrevista que suelen realizar puede ayudar a anticipar el tipo de preguntas y prepararse para dar respuestas adecuadas.

Además, a medida que nos preparamos para una entrevista laboral, es esencial no solo enfocarse en nuestras propias habilidades y logros, sino también en cómo podemos contribuir al éxito de la empresa. Es importante considerar qué valor podemos agregar a través de nuestros conocimientos y experiencia, y cómo podemos aplicarlos en el puesto al que nos postulamos.

Asimismo, practicar preguntas hipotéticas relacionadas con situaciones específicas puede ser útil. Esto nos ayudará a estar preparados para abordar desafíos y resolver problemas potenciales que podrían surgir en el ámbito laboral. Al practicar respuestas claras y bien estructuradas, podremos mostrar nuestra capacidad de pensamiento crítico y resolución de problemas.

No podemos olvidar el impacto de la comunicación no verbal durante una entrevista. Nuestra postura, expresiones faciales y contacto visual transmiten mensajes poderosos. Es esencial mantener un lenguaje corporal abierto y seguro, mostrando interés en la conversación y evitando gestos que puedan reflejar nerviosismo o falta de confianza.

Además, la entonación y el tono de voz también son aspectos a tener en cuenta. Es importante hablar con claridad y seguridad, sin ser demasiado rápido o demasiado lento. Al practicar la comunicación verbal y no verbal, podemos mejorar nuestra confianza y asegurarnos de que nuestro mensaje se transmita de manera efectiva.

La investigación sobre las prácticas comunes de contratación en la industria también es valiosa. Esto nos permite adaptarnos a las expectativas y prepararnos para cualquier proceso de selección específico que pueda ocurrir durante la entrevista. Además, estar al tanto de las tendencias y novedades en el campo laboral muestra nuestro interés y compromiso con el crecimiento profesional.

Finalmente, es crucial recordar la importancia de la puntualidad. Planificar con anticipación y asegurarse de llegar a la entrevista con tiempo suficiente demuestra profesionalismo y respeto hacia el entrevistador y la empresa. Evitar el estrés de llegar tarde nos permite estar más relajados y concentrados para enfrentar la entrevista.

En conclusión, la preparación previa a una entrevista laboral es un paso fundamental para aumentar nuestras posibilidades de éxito. Al investigar y prepararnos adecuadamente, podemos destacar como candidatos y demostrar nuestra idoneidad para el puesto. Desde conocer la empresa y el entrevistador, practicar respuestas a preguntas comunes y mejorar nuestra comunicación verbal y no verbal, cada aspecto es clave para alcanzar el empleo deseado.

Recuerda que el próximo capítulo abordará estrategias para enfrentar una entrevista laboral de manera exitosa.

Capítulo 2: Investigando la empresa y el puesto de trabajo

Descubre cómo investigar a fondo la empresa y el puesto al que aspiras para destacar durante la entrevista laboral.

Una de las claves para tener éxito en una entrevista laboral es la preparación previa. Antes de enfrentarnos a este importante encuentro, es fundamental investigar a fondo tanto la empresa como el puesto de trabajo al que aspiramos. Esta tarea nos ayudará a destacar durante la entrevista y demostrar nuestro interés y conocimiento sobre la compañía.

Para comenzar, es importante investigar la empresa en su conjunto. Esto implica familiarizarnos con su historia, valores, productos o servicios, así como su posición en el mercado. Una manera efectiva de hacerlo es visitando el sitio web oficial de la empresa y explorando las diferentes secciones. Allí podremos encontrar información clave sobre su trayectoria, misión y visión, lo cual nos permitirá comprender mejor su cultura organizacional.

Otra herramienta valiosa es revisar las redes sociales de la empresa. Muchas compañías tienen presencia en plataformas como LinkedIn, Facebook, Instagram o Twitter, donde comparten novedades, eventos y logros destacados. Esta investigación nos permitirá estar al tanto de las últimas noticias relacionadas con la empresa y tener una visión más completa de su imagen pública.

Además de investigar la empresa en sí, debemos adentrarnos en el puesto de trabajo al que aspiramos. Es fundamental entender las responsabilidades, requisitos y habilidades necesarias para desempeñar dicho puesto de manera exitosa. Podemos encontrar esta información en la descripción del empleo, la cual a menudo se encuentra en los sitios web de búsqueda de empleo o en el portal de la empresa.

Más allá de la descripción del puesto, es recomendable buscar testimonios de personas que ya hayan trabajado o estén trabajando en la empresa. Estas experiencias nos brindarán una perspectiva más realista y nos ayudarán a entender cómo es realmente el ambiente laboral y las oportunidades de crecimiento que ofrece la compañía.

La investigación de la empresa y el puesto de trabajo no solo nos permitirá estar preparados durante la entrevista, sino que también nos brindará la oportunidad de hacer preguntas relevantes y mostrar interés genuino en la empresa. Durante la entrevista, podremos mencionar algunos detalles que hayamos descubierto durante nuestra investigación y demostrar a los entrevistadores que hemos hecho nuestro trabajo previo.

En resumen, investigar a fondo la empresa y el puesto al que aspiramos es esencial para destacar durante una entrevista laboral. Conocer la historia, los valores y la posición en el mercado de la empresa nos permitirá demostrar nuestro interés y alineación con su cultura organizacional. Por otro lado, entender las responsabilidades y requisitos del puesto nos ayudará a prepararnos adecuadamente y mostrar que estamos calificados para desempeñarlo. Recuerda, la investigación es la clave para alcanzar el empleo deseado. En la segunda mitad de este capítulo, continuaremos explorando cómo investigar a fondo la empresa y el puesto de trabajo al que aspiramos. Además, brindaremos consejos sobre cómo utilizar esta información durante la entrevista laboral para destacar aún más.

Una vez que hemos recopilado información sobre la empresa y el puesto de trabajo, es importante analizarla y encontrar puntos clave que puedan ser relevantes para la entrevista. Por ejemplo, podemos identificar los valores de la empresa y cómo se alinean con nuestros propios valores. Si valoramos la innovación y descubrimos que la empresa también lo hace, podemos destacarlo durante la entrevista y mencionar cómo nuestras habilidades contribuirían a la cultura innovadora de la empresa.

Además, es esencial que investiguemos a las personas que estarán a cargo de la entrevista. Buscar información sobre los entrevistadores nos dará una idea de su experiencia y trayectoria en la empresa. Esto puede ser útil para establecer una conexión más personal durante la entrevista, al mencionar logros o proyectos en los que los entrevistadores hayan estado involucrados.

Una forma de obtener información sobre los entrevistadores es a través de LinkedIn. Esta plataforma profesional nos permite ver los perfiles de las personas e incluso conectarnos con ellos. Sin embargo, es importante utilizar esta herramienta con cautela y respeto, evitando parecer demasiado invasivos o acosadores.

Otro aspecto importante a considerar es la cultura organizacional de la empresa. Durante la investigación, podemos buscar información sobre cómo es trabajar en la empresa, cómo se fomenta el trabajo en equipo y qué tipo de ambiente laboral promueve. Esto nos ayudará a entender si encajamos con esa cultura y si nos sentiríamos cómodos trabajando allí.

Una vez que tenemos toda esta información, es crucial practicar. Podemos ensayar respuestas a posibles preguntas de la entrevista, teniendo en cuenta lo que hemos aprendido sobre la empresa y el puesto. También podemos simular la situación de la entrevista con un amigo o familiar para ganar confianza y familiarizarnos con el proceso.

Durante la entrevista, podemos hacer referencia a la investigación que hemos realizado. Podemos mencionar elementos que nos hayan impresionado o detalles específicos que demuestren nuestro conocimiento sobre la empresa y el puesto. Esto mostrará a los entrevistadores que hemos invertido tiempo y esfuerzo en prepararnos para la entrevista y que estamos realmente interesados en la empresa.

Además, podemos aprovechar la oportunidad para hacer preguntas relevantes sobre la empresa y el puesto. Estas preguntas demuestran nuestro interés genuino y nuestra capacidad para analizar y comprender la información que hemos recopilado. Al hacer preguntas inteligentes, también podemos obtener información adicional que nos será útil para tomar una decisión informada sobre el empleo.

En conclusión, investigar a fondo la empresa y el puesto de trabajo al que aspiramos es una parte fundamental de la preparación para una entrevista laboral exitosa. Utilizar esta información durante la entrevista muestra nuestro interés genuino en la empresa y nos permite destacar como candidatos calificados. Recuerda que la buena preparación es la clave para alcanzar el empleo deseado. ¡Buena suerte en tus futuras entrevistas laborales!

Capítulo 3: Cómo crear un currículum efectivo

Aprende a crear un currículum impactante y adaptado a cada oportunidad laboral que busques.

En el proceso de búsqueda de empleo, uno de los primeros y más importantes pasos es crear un currículum efectivo. Tu currículum es tu carta de presentación y la primera impresión que tendrán los reclutadores de ti, por lo que es fundamental que destaque y llame su atención. En este capítulo, aprenderás a crear un currículum impactante y adaptado a cada oportunidad laboral que busques.

1. La estructura básica del currículum:

El currículum debe tener una estructura clara y concisa. Comienza con tus datos personales, incluyendo tu nombre completo, dirección, número de teléfono y dirección de correo electrónico. A continuación, añade un breve perfil profesional que resuma tus habilidades y experiencia relevante para el empleo al que estás aplicando. Asegúrate de destacar tus puntos fuertes y tu objetivo profesional.

Después del perfil profesional, incluye tu experiencia laboral, comenzando por el puesto más reciente. Detalla el nombre de la empresa, tus responsabilidades y logros más relevantes. Utiliza viñetas y verbos de acción para resaltar tus logros y cuantificarlos en la medida de lo posible. Recuerda ser preciso y utilizar un lenguaje claro y directo.

Luego, menciona tu formación académica, indicando el nombre de la institución, el título obtenido y la fecha de graduación. Si tienes formación adicional, como certificaciones o cursos relevantes, también debes incluirlos en esta sección.

Finalmente, agrega una sección de habilidades y competencias, donde menciones tus habilidades técnicas y las herramientas que dominas. También puedes incluir idiomas y capacidades especiales, como liderazgo o trabajo en equipo.

2. Adaptar el currículum a cada oportunidad laboral:

Es esencial adaptar el currículum a cada oportunidad laboral que busques. Cada empresa y cada puesto son diferentes, por lo que debes resaltar las habilidades y la experiencia que sean relevantes para cada uno. Para hacer esto, investiga sobre la empresa, el sector y el puesto al que estás aplicando.

Comienza leyendo detenidamente la descripción del trabajo y analiza las habilidades y requisitos solicitados. Luego, ajusta tu currículum para destacar cómo cumples con esas exigencias. Resalta tus logros y proyectos relacionados con el puesto, y utiliza el vocabulario utilizado en la descripción del trabajo. Esto demostrará que tienes las habilidades y la experiencia necesarias para el puesto específico.

Además de adaptar el contenido, también debes prestar atención al formato de tu currículum. Asegúrate de que sea fácil de leer y esté bien estructurado. Utiliza fuentes y tamaños de letra apropiados, incluye viñetas y espacios en blanco para facilitar la lectura.

Recuerda que tu objetivo es destacar entre otros candidatos y captar la atención de los reclutadores. Adaptar tu currículum a cada oportunidad laboral te ayudará a mostrar tu ajuste y tu interés por el puesto, aumentando tus posibilidades de obtener una entrevista.

En resumen, crear un currículum efectivo es crucial para tener éxito en tu búsqueda de empleo. Recuerda estructurar tu currículum de manera clara y concisa, resaltando tu perfil profesional, experiencia laboral, formación académica y habilidades relevantes. Además, adapta tu currículum a cada oportunidad laboral que busques, resaltando tus puntos fuertes y ajustándolo a los requisitos del puesto. En la segunda mitad de este capítulo, exploraremos cómo elaborar una carta de presentación atractiva para complementar tu currículum. ¡No te lo pierdas!

(completar la segunda mitad en la siguiente solicitud)3. Consejos para destacar con tu currículum:

Ahora que ya conoces la estructura básica de un currículum efectivo y la importancia de adaptarlo a cada oportunidad laboral, es hora de hablar sobre algunos consejos clave para destacar y captar la atención de los reclutadores.

3.1. Utiliza un diseño atractivo y profesional:

El diseño de tu currículum puede marcar la diferencia en la forma en que los reclutadores lo perciben. Opta por un diseño limpio, ordenado y profesional que sea fácil de leer. Utiliza un formato simple con fuentes legibles y tamaños de letra adecuados. Puedes agregar ciertos elementos de diseño, como líneas o colores sobrios, para hacerlo más atractivo, pero evita los estilos extravagantes o llamativos que puedan distraer la atención del contenido.

3.2. Destaca tus logros y resultados:

En lugar de simplemente enumerar tus responsabilidades en tus trabajos anteriores, enfócate en resaltar tus logros y resultados. Utiliza viñetas y verbos de acción para describir tus logros más relevantes y cuantificarlos en la medida de lo posible. Por ejemplo, en lugar de decir "Me encargaba de las ventas", puedes decir "Aumenté las ventas en un 10% durante mi gestión". Esto demuestra tu capacidad para obtener resultados concretos y destaca tus habilidades y competencias.

3.3. Incluye palabras clave relevantes:

Muchas empresas utilizan sistemas de seguimiento de candidatos (ATS, por sus siglas en inglés) para filtrar y seleccionar currículums. Estos sistemas buscan palabras clave específicas que estén relacionadas con el puesto. Investiga las palabras clave más utilizadas en tu industria y asegúrate de incluirlas de manera natural en tu currículum. Esto aumentará tus posibilidades de ser seleccionado para una entrevista.

3.4. Menciona tus logros extracurriculares:

Si tienes alguna actividad extracurricular relevante, como voluntariado, participación en asociaciones estudiantiles o proyectos paralelos, no dudes en mencionarlos en tu currículum. Estos logros pueden demostrar tu capacidad para trabajar en equipo, liderar proyectos o adquirir nuevas habilidades. Además, muestran tu compromiso, iniciativa y pasión por tu campo de estudio o profesión.

3.5. Revisa y actualiza tu currículum regularmente:

Es importante que revises y actualices tu currículum regularmente a medida que adquieras nueva experiencia o habilidades. Incluso si no estás buscando activamente empleo, es útil tener una versión actualizada de tu currículum lista para oportunidades futuras. Además, asegúrate de revisar la ortografía y gramática, ya que los errores pueden dar una impresión negativa a los reclutadores.

En conclusión, crear un currículum efectivo es esencial para destacar en tu búsqueda de empleo. Utiliza una estructura clara y concisa, destaca tus puntos fuertes y adapta tu currículum a cada oportunidad laboral que busques. Recuerda utilizar un diseño atractivo y profesional, resaltar tus logros y resultados, incluir palabras clave relevantes, mencionar tus logros extracurriculares y revisar y actualizar tu currículum regularmente. Estos consejos te ayudarán a captar la atención de los reclutadores y aumentar tus posibilidades de alcanzar el empleo deseado.

En el siguiente capítulo, exploraremos cómo elaborar una carta de presentación atractiva para complementar tu currículum.

Capítulo 4: Resaltando tus habilidades y logros

Descubre cómo destacar tus habilidades y logros de manera efectiva durante una entrevista laboral.

En el competitivo mundo laboral actual, es esencial saber cómo resaltar tus habilidades y logros durante una entrevista para destacarte entre otros candidatos. Las empresas buscan contratar a personas que sean capaces de aportar valor y contribuir al éxito de la organización, por lo que es vital saber cómo comunicar de manera efectiva todo lo que puedes ofrecer.

A lo largo de este capítulo, aprenderás estrategias y consejos prácticos que te ayudarán a destacar tus habilidades y logros durante una entrevista laboral. Estos tips te permitirán crear una impresión duradera en el entrevistador y aumentar tus posibilidades de obtener el empleo deseado.

1. Conoce tus habilidades y logros relevantes: Antes de la entrevista, haz una lista de tus habilidades y logros más destacados que sean relevantes para el puesto al que estás aplicando. Identifica tus fortalezas y asegúrate de tener ejemplos concretos que respalden cada uno de ellos. Estos ejemplos pueden provenir de experiencias laborales anteriores, proyectos académicos o incluso actividades extracurriculares.

2. Destaca tus habilidades clave: Durante la entrevista, es importante destacar tus habilidades clave que se alinean con los requerimientos del puesto. Habla sobre tus habilidades técnicas, como conocimientos en software específico o competencias en idiomas extranjeros. También menciona habilidades transferibles, como la capacidad de trabajar en equipo, liderazgo o pensamiento analítico. Utiliza ejemplos concretos

para respaldar tus afirmaciones y demuestra cómo has aplicado estas habilidades en situaciones reales.

3. Cuantifica tus logros: Para hacer tus logros aún más impresionantes, cuantifícalos cuando sea posible. En lugar de simplemente decir que fuiste responsable de aumentar las ventas de un producto, menciona el porcentaje exacto de crecimiento que lograste. Si lideraste un proyecto exitoso, menciona el tamaño del equipo que coordinaste o los resultados tangibles que se obtuvieron. Cuantificar tus logros les brinda un contexto específico y realza tu capacidad para generar resultados.

4. Utiliza la técnica STAR: La técnica STAR (Situation, Task, Action, Result) es una excelente manera de estructurar tus respuestas durante la entrevista. Primero, describe la situación o el desafío que enfrentaste. Luego, explica la tarea que debías realizar o los objetivos que te habías propuesto. A continuación, detalla las acciones que tomaste para abordar la situación. Finalmente, resalta los resultados obtenidos y cómo tus acciones contribuyeron al éxito. Esta técnica ayudará a que tus respuestas sean claras, concisas y efectivas.

5. Sea auténtico y seguro: Cuando hables sobre tus habilidades y logros, muestra confianza en ti mismo y sé auténtico. No tengas miedo de destacar tus cualidades y no minimices tus logros. Recuerda que la entrevista es tu oportunidad para destacarte, así que comunica tus habilidades y logros de manera clara y convincente.

Recuerda que resaltar tus habilidades y logros no se trata solo de enumerar una lista, sino de contar historias persuasivas que demuestren cómo has utilizado esas habilidades para hacer una diferencia. La segunda parte de este capítulo te proporcionará más herramientas y consejos prácticos para que puedas dominar aún más la entrevista laboral. Como continuación de las estrategias y consejos que te brindé en la primera parte de este capítulo, en esta segunda mitad te proporcionaré más herramientas y consejos prácticos para que puedas dominar aún más la entrevista laboral y resaltar tus habilidades y logros de manera efectiva.

6. Prepárate para preguntas específicas sobre logros: Durante una entrevista laboral, es común que te hagan preguntas sobre logros específicos en tu carrera. Para estar preparado, piensa en ejemplos concretos de logros y cómo los has alcanzado. Describe la situación en detalle, las tareas que realizaste, las acciones que tomaste y los resultados que obtuviste. Esto demuestra tu capacidad para enfrentar desafíos y obtener resultados.

7. Utiliza la técnica de contar historias: Contar historias persuasivas es una excelente manera de resaltar tus habilidades y logros durante una entrevista. Utiliza la técnica de contar historias para captar la atención del entrevistador y demostrar cómo tus habilidades y logros han tenido un impacto positivo en situaciones reales. No te límites a enumerar tus logros, sino que crea una narrativa atractiva y emocional que destaque tus habilidades y logros clave.

8. Muestra tu capacidad de aprendizaje: Las empresas valoran a los candidatos que son capaces de aprender y adaptarse rápidamente. Muestra tu disposición para seguir aprendiendo y desarrollando nuevas habilidades. Habla sobre cursos, certificaciones o proyectos en los que hayas adquirido nuevas habilidades o conocimientos relevantes para el puesto al que estás aplicando. Esto demuestra tu entusiasmo y tu capacidad de crecimiento.

9. Destaca tus logros en equipo: La capacidad de trabajar en equipo es altamente valorada por las empresas. Durante la entrevista, menciona logros en los que hayas colaborado con otros compañeros para alcanzar resultados exitosos. Habla sobre cómo lideraste equipos, resolviste conflictos y fomentaste un ambiente colaborativo. Esto demuestra tu habilidad para trabajar en conjunto y tu capacidad de liderazgo.

10. Prepárate para hablar sobre tus debilidades: Aunque es importante resaltar tus habilidades y logros, también es crucial ser consciente de tus debilidades y cómo estás trabajando para mejorarlas. Durante la entrevista, sé honesto y habla sobre una o dos debilidades que hayas identificado en ti mismo. Explica cómo estás trabajando en

mejorarlas y menciona acciones o cursos que estás tomando para desarrollarte en esas áreas.

11. Practica con anticipación: Antes de la entrevista, practica tus respuestas y técnicas de comunicación. Pídele a un amigo o familiar que te haga preguntas de práctica y simule una entrevista real. Esto te ayudará a sentirte más confiado y preparado durante la entrevista real. Además, puedes grabarte para evaluarte a ti mismo y corregir cualquier aspecto que necesite mejorar.

Recuerda que cada entrevista laboral es una oportunidad para resaltar tus habilidades y logros de manera efectiva. Aprovecha estos consejos y estrategias para destacarte entre otros candidatos y aumentar tus posibilidades de obtener el empleo deseado.

En resumen, en este capítulo has aprendido cómo resaltar tus habilidades y logros durante una entrevista laboral. Conocer tus habilidades y logros relevantes, destacar tus habilidades clave, cuantificar tus logros, utilizar la técnica STAR, ser auténtico y seguro, prepararte para preguntas específicas sobre logros, utilizar la técnica de contar historias (contar historias) , mostrar tu capacidad de aprendizaje, destacar tus logros en equipo, prepararte para hablar sobre tus debilidades y practicar con anticipación son algunas de las estrategias y consejos que te ayudarán a destacar en tu próxima entrevista laboral.

¡Ahora estás listo para dominar la entrevista laboral y alcanzar el empleo deseado!

Capítulo 5: Dominando la entrevista telefónica

Aprende a desenvolverte de manera exitosa en una entrevista laboral telefónica y superar este importante filtro.

Una entrevista laboral telefónica puede ser el primer paso para asegurar ese empleo tan ansiado. Aunque no estemos cara a cara con el entrevistador, debemos estar preparados para destacar nuestras habilidades y personalidad a través del teléfono. En este capítulo, te brindaré valiosos consejos para dominar la entrevista telefónica y asegurar tu paso a la siguiente etapa del proceso de selección.

1. Prepara el terreno antes de la llamada

Antes de que el teléfono suene, es esencial que te prepares adecuadamente. Investiga sobre la empresa y su cultura corporativa. Familiarízate con la descripción del trabajo y asegúrate de entender los requisitos y responsabilidades. Esto te permitirá hablar con confianza y demostrar tu interés y conocimiento sobre la posición.

Además, selecciona un lugar tranquilo y sin distracciones para tener la llamada. Evita el ruido de fondo, como televisores o personas hablando cerca de ti. Si es posible, utiliza un teléfono fijo, ya que ofrece una mejor calidad de sonido y evita interrupciones debido a una mala conexión.

2. La importancia de la voz

Recuerda que tu voz será la única representación de tu personalidad durante la entrevista telefónica. Por esta razón, es fundamental cuidar el tono de voz, ser claro y mantener una velocidad de habla adecuada. Habla con entusiasmo y evita sonar monótono o aburrido. Recuerda que tu objetivo es transmitir confianza y demostrar tu interés en el puesto.

3. Prepárate para las preguntas frecuentes

Durante la entrevista telefónica, es probable que te hagan preguntas sobre tu experiencia laboral, tus fortalezas y debilidades, así como tu motivación para unirte a la empresa. Prepara respuestas concisas y claras para estas preguntas frecuentes. Practica en voz alta antes de la llamada y mantén notas a mano para recordar los puntos clave que deseas mencionar.

4. Escucha atentamente y haz preguntas relevantes

Durante la llamada, asegúrate de prestar atención a las preguntas e indicaciones del entrevistador. No tengas miedo de pedir aclaraciones o repetir una pregunta si no la entendiste bien. Esto demuestra tu interés y compromiso con el proceso.

Además, muestra tu interés y conocimiento al hacer preguntas relevantes sobre la empresa o el puesto. Esto no solo demostrará tu investigación previa, sino que también te permitirá obtener información valiosa para evaluar si la empresa se adecua a tus expectativas.

5. Cuida tu lenguaje corporal invisible

Aunque el entrevistador no pueda verte, tu lenguaje corporal invisible puede influir en la impresión que dejes durante la entrevista telefónica. Sonríe mientras hablas, ya que esto se reflejará en tu tono de voz y transmitirá una actitud positiva. Evita cruzar los brazos o realizar gestos nerviosos, ya que esto puede afectar tu fluidez verbal.

Recuerda, esta primera mitad del capítulo es solo el comienzo de tus conocimientos para dominar la entrevista telefónica. Aprenderás técnicas adicionales y tendrás la oportunidad de explorar estrategias para superar las dificultades más comunes en esta etapa del proceso de selección. Continúa leyendo para descubrir cómo convertirte en un experto en entrevistas telefónicas y potenciar tus posibilidades de alcanzar el empleo deseado.

(Pausa en el capítulo)6. Enfócate en tu discurso y estructura tus respuestas

Durante una entrevista telefónica, es importante tener en cuenta que no tienes la ventaja de la comunicación no verbal para respaldar tus respuestas. Por lo tanto, debes prestar especial atención a tu discurso y estructurar tus respuestas de manera clara y concisa. Evita divagar o hablar demasiado rápido. En lugar de eso, toma un momento para pensar en tus respuestas antes de responder. Esto te ayudará a transmitir tus ideas de manera efectiva y evitar malentendidos.

Para estructurar tus respuestas, puedes utilizar un enfoque conocido como STAR: Situación, Tarea, Acción y Resultado. Describe la situación en la que te encontrabas, la tarea que tenías que realizar, la acción que tomaste para resolverla y el resultado que obtuviste. Este enfoque te ayudará a organizar tus pensamientos y proporcionar ejemplos claros y relevantes de tus habilidades y logros.

7. Controla tus nervios y mantén la calma

Es normal sentir nervios antes y durante una entrevista telefónica, pero es importante aprender a controlarlos y mantener la calma. Una técnica efectiva es realizar ejercicios de respiración profunda antes de la llamada. Respira lenta y profundamente, inhalando por la nariz y exhalando por la boca. Esto te ayudará a relajarte y mantener la claridad mental durante la entrevista.

También es importante recordar que el entrevistador no puede ver tus reacciones emocionales, por lo que debes esforzarte por transmitir una actitud positiva y entusiasta a través de tu voz. Sonríe mientras hablas y deja que tu energía positiva se refleje en tus respuestas. Esto demostrará confianza y entusiasmo por el puesto.

8. Sé auténtico y muestra tu personalidad

Aunque no puedas estar cara a cara con el entrevistador, aún puedes mostrar tu personalidad y hacer una conexión genuina. No tengas miedo de ser tú mismo y dejar que tu verdadera personalidad brille a través de la llamada. Sé amable, cortés y profesional, pero también muestra tu entusiasmo y pasión por el trabajo. Recuerda que los empleadores están buscando a alguien que se ajuste a la cultura de la empresa, por lo que mostrar tu autenticidad puede ser un factor clave para destacarte entre otros candidatos.

9. Finaliza la entrevista con gracia y agradece la oportunidad

Cuando la entrevista telefónica esté llegando a su fin, no olvides tomar un momento para agradecer al entrevistador por su tiempo y la oportunidad de participar en el proceso de selección. Exprésale tu interés y entusiasmo por avanzar en el proceso y obtener más información sobre los próximos pasos. Esto dejará una impresión positiva y profesional, y te distinguirá como un candidato respetuoso y comprometido.

Recuerda, una entrevista telefónica puede ser un desafío, pero con la preparación adecuada y las estrategias correctas, puedes superar este importante filtro y avanzar hacia tu empleo deseado. Continúa leyendo para descubrir más consejos y técnicas para convertirte en un experto en entrevistas telefónicas y alcanzar el éxito en tus futuras oportunidades laborales.

¡No dejes que la distancia física te impida destacar y mostrar tu valía profesional! Domina las entrevistas telefónicas y ábrete camino hacia tu empleo soñado.

Capítulo 6: El arte de la comunicación no verbal

Descubre cómo utilizar la comunicación no verbal a tu favor durante una entrevista laboral y transmitir una imagen confiada y profesional.

La comunicación no verbal juega un papel fundamental en las interacciones humanas. En una entrevista laboral, la forma en que nos expresamos a través de gestos, posturas y expresiones faciales puede tener un impacto significativo en cómo somos percibidos por el entrevistador. Por tanto, es esencial dominar el arte de la comunicación no verbal para transmitir confianza y profesionalismo. En este capítulo, exploraremos diversas técnicas y consejos que te ayudarán a utilizar la comunicación no verbal a tu favor durante una entrevista laboral.

Uno de los aspectos más importantes de la comunicación no verbal es el lenguaje corporal. Tus gestos y posturas pueden transmitir mucho más de lo que tus palabras pueden expresar. Por ejemplo, mantener una postura erguida y abierta transmite confianza y seguridad en ti mismo. Evita encoger los hombros o cruzar los brazos, ya que esto puede transmitir inseguridad o falta de interés. Además, mantén contacto visual con el entrevistador para demostrar atención y compromiso.

La expresión facial también es clave en la comunicación no verbal. Una sonrisa amable y sincera al saludar y durante la entrevista puede generar una primera impresión positiva. Evita fruncir el ceño o mostrar expresiones de tensión, ya que esto puede transmitir ansiedad o falta de confianza. Recuerda que tu objetivo es transmitir una imagen confiada y profesional, por lo que mantener un semblante sereno y agradable puede marcar la diferencia.

Otro aspecto importante a tener en cuenta es el lenguaje corporal en el manejo del espacio personal. Durante una entrevista, es esencial respetar el espacio del entrevistador y no invadirlo de manera intrusiva. Mantén una distancia adecuada y evita gestos o movimientos que puedan hacer sentir incómodo al entrevistador. Al mismo tiempo, utiliza el espacio a tu favor al mantener una postura abierta y evitar cruzar los brazos o juntar las manos en exceso, lo que puede transmitir falta de confianza.

La entonación y el ritmo de tu voz también forman parte de la comunicación no verbal. Hablar de manera clara y pausada transmite seguridad y claridad en tus ideas. Evita hablar demasiado rápido o con un tono monótono, ya que esto puede transmitir nerviosismo o falta de entusiasmo. Recuerda que tu objetivo es mostrar pasión por el puesto y transmitir confianza en ti mismo.

Además de los aspectos mencionados, existen otros elementos de la comunicación no verbal que pueden influir en una entrevista laboral, como el lenguaje de las manos y la elección de la vestimenta. Estos aspectos estarán cubiertos en la segunda parte de este capítulo, donde ahondaremos en técnicas específicas para utilizar la comunicación no verbal de manera efectiva.

En resumen, la comunicación no verbal desempeña un papel crucial durante una entrevista laboral. A través de gestos, posturas, expresiones faciales y la forma en que nos expresamos verbalmente, transmitimos una imagen confiada y profesional. Dominar el arte de la comunicación no verbal hará que los entrevistadores perciban tu confianza y competencia en el ámbito laboral. Ahora, en la segunda parte de este capítulo, exploraremos técnicas más detalladas que te ayudarán a aprovechar al máximo estas habilidades. ¡Sigue leyendo y descubre cómo utilizar la comunicación no verbal a tu favor en una entrevista laboral! La comunicación no verbal es una herramienta poderosa que puede ayudarte a destacarte en una entrevista laboral. En la primera parte de este capítulo, exploramos diferentes aspectos de la comunicación no verbal, como el lenguaje corporal, las expresiones faciales, el manejo del espacio personal y la entonación de la voz. Ahora, en esta segunda parte, nos adentraremos en técnicas más detalladas que te permitirán utilizar la comunicación no verbal de manera efectiva y alcanzar tus objetivos en una entrevista laboral.

A medida que avanzas en la entrevista, es esencial prestar atención a los gestos y movimientos de tu cuerpo. Uno de los gestos más comunes y significativos es el asentimiento de cabeza. Asentir con la cabeza durante la conversación indica que estás prestando atención y estás de acuerdo con lo que se está diciendo. Sin embargo, debes utilizarlo con moderación para evitar parecer excesivamente complaciente. Otro gesto importante es el uso de las manos para enfatizar tus ideas o proporcionar ejemplos concretos. Gestos sutiles pero seguros pueden ayudar a subrayar tus puntos y añadir credibilidad a tus respuestas.

Además de los gestos, debes prestar atención a la postura de tu cuerpo. Mantener una postura erguida indica confianza y seguridad en ti mismo. Evita encorvarte o encoger los hombros, ya que esto puede transmitir inseguridad o falta de interés. Siéntate de manera firme y estable, ocupando el espacio de manera adecuada, pero evitando parecer demasiado dominante. Recuerda que tu postura debe acompañar tu actitud y las palabras que estás diciendo.

La expresión facial continúa siendo parte fundamental de la comunicación no verbal. Durante la entrevista, muestra interés y entusiasmo a través de una sonrisa amable y sincera. Una sonrisa genuina transmite confianza y establece un ambiente positivo. Sin embargo, evita sonreír de forma exagerada o forzada, ya que esto puede parecer falso o poco auténtico. También es importante seguir manteniendo un semblante sereno y evitar mostrar expresiones de tensión o preocupación, ya que esto puede transmitir ansiedad o falta de confianza.

Además de la comunicación no verbal relacionada con el lenguaje corporal, es esencial prestar atención a otros aspectos como el manejo del espacio personal. Durante la entrevista, asegúrate de mantener una distancia adecuada con el entrevistador, respetando su espacio personal. Invadir ese espacio puede hacer sentir incómodo al entrevistador y transmitir una falta de respeto. Al mismo tiempo, utiliza el espacio a tu favor al mantener una postura abierta y evitar cruzar los brazos o juntar las manos en exceso, lo que puede transmitir falta de confianza. En resumen, encontrar un equilibrio entre respetar el espacio del entrevistador y utilizar el espacio a tu favor es clave para transmitir una imagen confiada y profesional.

Finalmente, la forma en que te expresas verbalmente también forma parte de la comunicación no verbal. La entonación y el ritmo de tu voz pueden transmitir seguridad y claridad en tus ideas. Habla de manera clara y pausada, evitando hablar demasiado rápido o con un tono monótono. Mostrar entusiasmo y pasión por el puesto es fundamental para transmitir confianza en ti mismo y en tus habilidades.

En conclusión, dominar el arte de la comunicación no verbal es esencial para alcanzar el éxito en una entrevista laboral. Utiliza el lenguaje corporal, las expresiones faciales, el manejo del espacio personal y la entonación de la voz a tu favor para transmitir una imagen confiada y profesional. Recuerda que la comunicación no verbal es tan importante como las palabras que dices, por lo que debes prestarle atención y practicar estas técnicas para destacarte en tus futuras entrevistas laborales. ¡Buena suerte en tu camino hacia el empleo deseado!

Capítulo 7: Cómo responder preguntas frecuentes de manera convincente

Aprende a responder de manera convincente las preguntas más frecuentes en una entrevista laboral y demostrar tu valía como candidato.

Una entrevista laboral puede ser una experiencia intimidante para muchos estudiantes que se enfrentan a la búsqueda de empleo por primera vez. Sin embargo, con la preparación adecuada y un enfoque estratégico, es posible convertir esta experiencia en una oportunidad para impresionar a los reclutadores y destacar entre los demás candidatos.

En este capítulo, te guiaremos a través de las preguntas más frecuentes que suelen hacer los reclutadores durante una entrevista y te brindaremos consejos prácticos sobre cómo responder de manera convincente. Recuerda que la clave para tener éxito radica en la preparación y la confianza en ti mismo.

1. "Háblame sobre ti":

Esta es una de las preguntas más comunes en una entrevista laboral y, sin embargo, puede resultar desafiante para muchos estudiantes. ¿Qué debes incluir y qué debes omitir? La respuesta está en la preparación. Antes de la entrevista, haz una lista de tus logros más relevantes, habilidades destacadas y experiencias previas. Asegúrate de resaltar tus fortalezas que se relacionen directamente con el puesto al que estás aplicando. Evita dar detalles irrelevantes o excesivamente personales.

2. "¿Cuáles son tus debilidades?":

Esta pregunta puede ser complicada, ya que no quieres que tus debilidades te perjudiquen en la entrevista. La clave para responder a esta pregunta de manera convincente es ser honesto, pero también ofrecer soluciones. Identifica una debilidad real y explica cómo estás trabajando para superarla. Por ejemplo, si eres alguien que tiende a procrastinar, puedes mencionarlo y luego resaltar las estrategias que estás implementando para mejorar tu gestión del tiempo.

3. "¿Por qué estás interesado en esta empresa?":

Aquí es donde tu investigación previa juega un papel fundamental. Investiga a fondo la empresa antes de la entrevista y encuentra elementos específicos que te atraigan. Puedes mencionar sus valores corporativos, proyectos recientes o incluso mencionar el impacto positivo que crees que podrías tener en la organización. Mostrar un genuino interés en la empresa te ayudará a destacar como un candidato comprometido y motivado.

4. "Cuéntame sobre una situación desafiante que enfrentaste y cómo la resolviste":

Esta pregunta busca evaluar tu capacidad para manejar situaciones difíciles y encontrar soluciones. Elige un ejemplo en el que hayas enfrentado un desafío relevante para el puesto y explica cómo lo abordaste. Destaca tus habilidades para resolver problemas, tomar decisiones efectivas y trabajar en equipo si corresponde. Al final, enfatiza los resultados positivos que lograste y cómo aprendiste de la experiencia.

5. "¿Dónde te ves en cinco años?":

Esta pregunta tiene como objetivo evaluar tu planificación y tus metas a largo plazo. Asegúrate de tener una visión clara de tus objetivos profesionales y cómo el puesto al que estás aplicando se alinea con ellos. Sé realista y muestra compromiso con el crecimiento y desarrollo profesional. Evita respuestas vagas o poco realistas, como "no lo sé", ya que eso puede dar la impresión de falta de dirección.

En este primer tramo del capítulo, hemos explorado algunas de las preguntas más comunes en una entrevista laboral y brindamos consejos sobre cómo responderlas de manera convincente. Recuerda que la preparación y la práctica son clave para sentirte seguro y transmitir confianza durante la entrevista. En la segunda parte de este capítulo, nos enfocaremos en cómo destacar tus habilidades y experiencias de manera efectiva, así como en cómo enfrentar preguntas más difíciles. Mantén la atención y prepárate para aprender técnicas y estrategias adicionales que te ayudarán a conquistar tu entrevista laboral.6. "¿Cuáles son tus fortalezas?": Los reclutadores suelen hacer esta pregunta para evaluar tus habilidades y atributos positivos que podrías aportar al puesto y a la empresa. Es importante que te prepares con anticipación y tengas claro cuáles son tus fortalezas más relevantes para el trabajo en cuestión. Puedes destacar tus habilidades en liderazgo, capacidad para trabajar en equipo, habilidades de comunicación efectiva, creatividad, capacidad para resolver problemas, entre muchas otras. No tengas miedo de resaltar tus logros y experiencias pasadas que demuestren tus fortalezas.

Es esencial respaldar tus afirmaciones con ejemplos concretos. Por ejemplo, si mencionas que eres un líder efectivo, puedes contar una experiencia en la que hayas dirigido un proyecto exitoso y los resultados positivos que obtuviste. Recuerda ser realista y no exagerar tus fortalezas, ya que los reclutadores pueden detectar la falta de autenticidad.

7. "¿Por qué dejaste tu trabajo anterior?": Esta pregunta es común en caso de que hayas tenido experiencia laboral previa. Es importante responder de manera profesional y honesta. Si dejaste tu trabajo anterior debido a una oportunidad de crecimiento o desarrollo profesional, puedes mencionar cómo buscar nuevos desafíos te motivó. En cambio, si hubo problemas en tu trabajo anterior, como un ambiente laboral negativo o falta de oportunidades de crecimiento, es recomendable ser diplomático en tus respuestas y enfocarte en lo que has aprendido y cómo eso te llevó a buscar nuevas oportunidades.

8. "¿Cómo te ves contribuyendo a esta empresa?": Aquí es donde puedes demostrar tu investigación previa sobre la empresa y mostrar cómo tus habilidades y experiencias se alinean con sus objetivos y valores. Puedes mencionar cómo puedes ayudar a la empresa a alcanzar metas específicas, resolver problemas o mejorar procesos existentes. También puedes destacar tu disposición para aprender y crecer dentro de la organización. Es importante enfocarte en el beneficio mutuo, resaltando cómo puedes ser un activo valioso para la empresa.

9. "¿Qué estrategias utilizas para manejar el estrés?": Esta pregunta busca evaluar tu capacidad para manejar situaciones de presión y mantener la calma. Puedes mencionar técnicas que utilizas para gestionar

el estrés, como establecer prioridades, delegar tareas, practicar ejercicios de relajación o buscar apoyo en el equipo de trabajo. También puedes mencionar cómo encuentras un equilibrio entre el trabajo y la vida personal para evitar el agotamiento. Recuerda que cada persona tiene diferentes formas de manejar el estrés, por lo que es importante ser honesto y mencionar las estrategias que te funcionan mejor a ti.

10. "¿Tienes alguna pregunta para nosotros?": Esta es tu oportunidad de demostrar tu interés y curiosidad por la empresa y el puesto. Prepara algunas preguntas inteligentes y relevantes para hacer al final de la entrevista. Puedes preguntar sobre la cultura de la empresa, oportunidades de crecimiento, proyectos en curso o cualquier otro detalle que te ayude a tomar una decisión informada en caso de que te ofrezcan el trabajo. Evita preguntas sobre salario y beneficios en esta etapa, ya que es recomendable dejar esas negociaciones para después de recibir una oferta.

En esta segunda mitad del capítulo, hemos explorado algunas de las preguntas frecuentes adicionales en una entrevista laboral y cómo responderlas de manera convincente. Recuerda que la clave para tener éxito en una entrevista laboral es la preparación y la confianza en ti mismo. No olvides practicar tus respuestas y estar preparado para adaptarte a cualquier pregunta que pueda surgir durante la entrevista. ¡Buena suerte!

Capítulo 8: Transmitiendo una imagen de confianza y profesionalismo

Durante una entrevista laboral, la primera impresión es clave. Los reclutadores buscan candidatos que proyecten una imagen de confianza y profesionalismo, ya que esto les permite evaluar si el postulante encajará en el entorno laboral y será capaz de enfrentar los desafíos del puesto. En este capítulo, descubriremos cómo transmitir esa imagen deseada y generar un impacto positivo en los reclutadores.

Uno de los aspectos más importantes para proyectar una imagen de confianza y profesionalismo es vestirse adecuadamente. La vestimenta debe ser acorde al tipo de trabajo y a la empresa a la cual se está postulando. Es esencial investigar sobre la cultura y el código de vestimenta de la compañía previamente para asegurarse de elegir el atuendo adecuado. Optar por ropa limpia y bien planchada, evitando prendas demasiado llamativas o informales, demuestra nuestro interés por la oportunidad laboral y refuerza la imagen profesional que queremos transmitir.

Además de la vestimenta, el lenguaje corporal juega un papel fundamental en la transmisión de confianza. Durante la entrevista, es importante mantener una postura erguida y una actitud abierta. Evitar cruzar los brazos o jugar con los objetos, ya que esto puede proyectar inseguridad o falta de interés. Mantener un contacto visual directo con el entrevistador es crucial, ya que refleja atención y muestra confianza en nuestras respuestas.

La comunicación verbal también es una herramienta clave para proyectar profesionalismo. Es esencial ser claro y conciso al responder a las preguntas del entrevistador. Evitar hablar en exceso o desviarse del tema principal puede transmitir falta de confianza o dificultad para organizar nuestras ideas. Practicar previamente las respuestas a preguntas frecuentes nos ayudará a transmitir seguridad y mantenernos enfocados durante la entrevista.

Además, es importante utilizar un lenguaje adecuado y evitar el uso de jergas o expresiones informales. La manera en que nos expresamos puede revelar mucho sobre nuestra formación y experiencia. Utilizar un lenguaje profesional y adaptado al entorno laboral nos ayudará a transmitir confianza y conocimiento en el área.

Otro aspecto fundamental para proyectar una imagen de confianza y profesionalismo es la preparación previa a la entrevista. Investigar sobre la empresa, su misión, visión y principales proyectos, muestra nuestro interés y nos permite responder de manera más informada a preguntas relacionadas con la organización. También es recomendable investigar sobre el puesto al cual nos estamos postulando y sus requerimientos, de modo que podamos destacar nuestras habilidades y experiencias relevantes durante la entrevista.

En resumen, transmitir una imagen de confianza y profesionalismo durante una entrevista laboral es fundamental para generar un impacto positivo en los reclutadores. Una vestimenta adecuada, un lenguaje corporal seguro, una comunicación verbal clara y concisa, así como una preparación previa adecuada, son elementos clave para proyectar la imagen deseada. En la segunda parte de este capítulo, exploraremos técnicas y estrategias adicionales que nos permitirán potenciar nuestra imagen y destacar en el proceso de selección. Durante una entrevista laboral, la primera impresión es clave. Los reclutadores buscan candidatos que proyecten una imagen de confianza y profesionalismo, ya que esto les permite evaluar si el postulante encajará en el entorno laboral y será capaz de enfrentar los desafíos del puesto. En el primer tramo de este capítulo, hemos explorado algunos aspectos que contribuyen a transmitir esa imagen deseada, como la vestimenta adecuada, el lenguaje corporal seguro, la comunicación verbal clara y concisa, así como la preparación previa adecuada. Ahora, en la segunda parte de este capítulo, continuaremos explorando técnicas y estrategias adicionales que nos permitan potenciar nuestra imagen y destacar en el proceso de selección.

El lenguaje no verbal es un factor determinante a la hora de transmitir confianza y profesionalismo. Además de una postura erguida y un contacto visual directo, es esencial prestar atención a otros aspectos como el tono de voz y los gestos. Un tono de voz claro y enérgico demuestra seguridad en nuestras habilidades y conocimientos, mientras que un tono de voz bajo o monótono puede transmitir falta de confianza o desinterés. Es importante practicar el control del tono de voz durante la entrevista, utilizando el énfasis y la entonación adecuada para resaltar puntos importantes.

En cuanto a los gestos, es fundamental evitar movimientos excesivos o nerviosos. Mantener las manos sobre la mesa o en el regazo de forma relajada transmite confianza y seguridad. Podemos utilizar gestos naturales para reforzar nuestras respuestas, como movimientos de las manos o inclinaciones sutiles de la cabeza. Sin embargo, es importante evitar el exceso de gestos, ya que esto puede distraer al entrevistador o transmitir nerviosismo.

La actitud positiva también juega un papel fundamental en la transmisión de una imagen de confianza y profesionalismo. Mantener una sonrisa genuina y una actitud abierta y receptiva durante toda la entrevista muestra entusiasmo e interés por la oportunidad laboral. Además, es esencial demostrar cortesía y respeto hacia el entrevistador, utilizando un lenguaje adecuado y evitando interrupciones. Mostrar empatía y escuchar atentamente las preguntas y comentarios del entrevistador nos permitirá construir una relación positiva durante la entrevista.

Otra estrategia efectiva para transmitir confianza y profesionalismo es utilizar ejemplos concretos y logros específicos para respaldar nuestras respuestas. En lugar de simplemente afirmar nuestras habilidades o conocimientos, podemos proporcionar ejemplos de situaciones en las que los hemos aplicado con éxito. Esto demuestra nuestra capacidad para enfrentar desafíos y lograr resultados concretos. Además, es importante resaltar nuestros logros y experiencias relevantes para el puesto al que nos estamos postulando, enfatizando cómo estos nos han preparado para las responsabilidades y requerimientos del puesto.

Por último, pero no menos importante, es fundamental mantener una actitud de aprendizaje y crecimiento durante la entrevista. Demostrar humildad y estar dispuestos a recibir retroalimentación demuestra que estamos abiertos a mejorar y aprender en el entorno laboral. Además, podemos aprovechar la oportunidad para hacer preguntas claras y pertinentes sobre la empresa y el puesto. Esto muestra nuestro interés genuino y nos permite obtener información valiosa sobre la organización, lo que nos ayuda a tomar una decisión informada en caso de recibir una oferta de empleo.

En resumen, proyectar una imagen de confianza y profesionalismo durante una entrevista laboral es esencial para generar un impacto positivo en los reclutadores. Además de los aspectos mencionados anteriormente, es importante prestar atención al lenguaje no verbal, la actitud positiva, el uso de ejemplos concretos y logros específicos, así como mantener una actitud de aprendizaje y crecimiento. Estas técnicas y estrategias nos permitirán destacar en el proceso de selección y aumentar nuestras posibilidades de alcanzar el empleo deseado.

Capítulo 9: Manejo adecuado del tiempo y la puntualidad

Aprende a gestionar correctamente el tiempo y ser puntual durante una entrevista laboral para causar una buena impresión a los empleadores.

El tiempo es un recurso invaluable que todos poseemos en igual medida. Sin embargo, aprender a gestionarlo de manera efectiva puede marcar la diferencia en tu entrevista laboral y en tu vida profesional en general. Ser puntual es una muestra de respeto hacia los demás y demuestra tu capacidad para organizar y priorizar tus actividades. En este capítulo, exploraremos estrategias que te ayudarán a manejar adecuadamente el tiempo y ser puntual durante una entrevista laboral.

1. Planificación previa:

La clave para un manejo adecuado del tiempo y la puntualidad radica en una buena planificación previa. Antes de la entrevista, asegúrate de investigar sobre la empresa y el puesto al que te postulas. Esto te permitirá tener una idea clara de las responsabilidades y las habilidades requeridas para el trabajo. Además, identifica los horarios y rutas para llegar al lugar de la entrevista, considerando posibles contratiempos como el tráfico o problemas de transporte público.

2. Establecimiento de prioridades:

Una vez que tengas claros los detalles de la entrevista, es importante establecer las prioridades para asegurar un buen manejo del tiempo. Organiza tus tareas diarias y asigna un tiempo específico a cada una de ellas. Asegúrate de dedicar suficiente tiempo para prepararte para la entrevista, incluyendo la investigación de la empresa, la revisión de tu currículum y la preparación de posibles respuestas a preguntas frecuentes.

3. Utilización de herramientas de gestión del tiempo:

Existen diversas herramientas y técnicas que pueden ayudarte a administrar tu tiempo de manera eficiente. Utiliza un calendario o una agenda para planificar tus actividades y establecer recordatorios. Además, puedes utilizar aplicaciones o programas de administración del tiempo que te permitan establecer metas y realizar un seguimiento de tu progreso.

4. Evitar la procrastinación:

La procrastinación es uno de los mayores obstáculos para un manejo adecuado del tiempo. Evita postergar las tareas importantes y abórdalas de manera inmediata. Establece metas y plazos realistas para cumplir con tus responsabilidades. Recuerda que posponer las tareas solo generará estrés y te hará sentir abrumado.

5. Ser realista con el tiempo:

Es importante ser realista y considerar el tiempo necesario para realizar cada tarea. Evita sobrecargar tu agenda y asegúrate de asignar un tiempo adecuado para cada actividad. No subestimes el tiempo requerido para arreglarte antes de la entrevista, considera posibles retrasos en el transporte y asegúrate de llegar con suficiente anticipación.

6. Practicar la puntualidad:

La puntualidad es una cualidad altamente valorada en el ámbito laboral. Llegar tarde a una entrevista puede ser interpretado como una falta de compromiso y responsabilidad. Por ello, establece un margen de tiempo adicional para evitar cualquier imprevisto y asegúrate de llegar al lugar de la entrevista al menos 10 minutos antes de la hora acordada.

Recuerda que el manejo adecuado del tiempo y la puntualidad reflejan tu profesionalismo y compromiso. Una buena planificación previa, establecimiento de prioridades, utilización de herramientas de gestión del tiempo, evitar la procrastinación, ser realista con el tiempo y practicar la puntualidad son elementos clave para causar una buena impresión a los empleadores y alcanzar el empleo deseado.

¡Continúa leyendo en la segunda mitad de este capítulo, donde profundizaremos en estrategias específicas para dominar el manejo del tiempo y ser puntual durante una entrevista laboral! Durante una entrevista laboral, el manejo adecuado del tiempo y la puntualidad son elementos fundamentales para causar una buena impresión a los empleadores. En la primera mitad de este capítulo, exploramos estrategias como la planificación previa, el establecimiento de prioridades, la utilización de herramientas de gestión del tiempo, evitar la procrastinación, ser realista con el tiempo y practicar la puntualidad. Ahora, en la segunda mitad, continuaremos profundizando en estrategias específicas para dominar el manejo del tiempo y ser puntual durante una entrevista laboral.

7. Establecer un horario de preparación: Una tarea clave antes de una entrevista es la preparación. Para asegurarte de tener suficiente tiempo para realizar todas las tareas necesarias, establece un horario de preparación. Divide las tareas en etapas y asigna un tiempo específico para cada una de ellas. Por ejemplo, dedica un tiempo determinado para investigar sobre la empresa, otro para revisar tu currículum y otro para practicar posibles respuestas a preguntas frecuentes. Esto te ayudará a no dejar todo para el último momento y manejar tu tiempo de manera más eficiente.

8. Eliminar distracciones: Durante el tiempo de preparación y la entrevista misma, es importante eliminar todas las posibles distracciones. Apaga tu teléfono celular o ponlo en silencio para evitar interrupciones innecesarias. Asegúrate de tener un espacio tranquilo y libre de distracciones para concentrarte en la tarea que tienes entre manos. De esta manera, podrás utilizar el tiempo de manera más productiva y aprovechar al máximo cada minuto.

9. Practicar la gestión del estrés: El manejo del tiempo y la puntualidad pueden verse afectados por el estrés. Durante el proceso de

la entrevista laboral, es común sentir nervios y ansiedad. Sin embargo, es importante aprender a manejar estas emociones para evitar que afecten tu desempeño y puntualidad. Practica técnicas de relajación, como respiración profunda y meditación, para mantener la calma y reducir el estrés. También puedes utilizar técnicas de visualización positiva para imaginar una entrevista exitosa y mantener una actitud confiada y relajada.

10. Ser flexible y adaptarse a los imprevistos: A pesar de una buena planificación y preparación, pueden surgir imprevistos durante una entrevista laboral. Por lo tanto, es importante ser flexible y estar preparado para adaptarse a cualquier cambio de horario o situación inesperada. Mantén la calma y encuentra soluciones rápidas y eficientes para resolver cualquier problema que pueda surgir. Ser flexible demuestra tu capacidad de adaptación y resiliencia, cualidades valoradas por los empleadores.

11. Mantener una comunicación clara y transparente: Otra estrategia importante para el manejo adecuado del tiempo y la puntualidad durante una entrevista es mantener una comunicación clara y transparente con los empleadores. Si por algún motivo no puedes llegar a tiempo a la entrevista, es fundamental informarlo de inmediato y disculparte por el inconveniente. Demostrar respeto y responsabilidad hacia el tiempo de los demás puede dejar una impresión positiva, incluso en situaciones desfavorables.

12. Evaluar y reflexionar sobre tu desempeño: Después de una entrevista laboral, tómate un momento para evaluar y reflexionar sobre tu desempeño en términos de manejo del tiempo y puntualidad. Analiza si cumpliste con tus objetivos de planificación y si lograste llegar a tiempo a la entrevista. Identifica aquellas áreas en las que podrías mejorar y establece metas realistas para futuras entrevistas. El aprendizaje continuo y la autoevaluación te ayudarán a perfeccionar tus habilidades de gestión del tiempo y puntualidad.

En conclusión, el manejo adecuado del tiempo y la puntualidad son aspectos cruciales para causar una buena impresión en una entrevista laboral. A través de estrategias como la planificación previa, el establecimiento de prioridades, la utilización de herramientas de gestión del tiempo, evitar la procrastinación, ser realista con el tiempo, practicar la puntualidad, establecer un horario de preparación, eliminar distracciones, practicar la gestión del estrés, ser flexible y adaptarse a los imprevistos, mantener una comunicación clara y transparente, y evaluar y reflexionar sobre tu desempeño, podrás mejorar tus habilidades en este aspecto y alcanzar tus metas profesionales. Sigue trabajando en tu desarrollo personal y profesional, siempre enfocándote en mejorar tus habilidades y aumentar tu éxito en el mundo laboral.

Capítulo 10: Cómo destacar en las entrevistas grupales

Descubre las claves para destacar en las entrevistas grupales y sobresalir entre los demás candidatos.

Las entrevistas grupales son una modalidad cada vez más utilizada por las empresas en sus procesos de selección. En este tipo de entrevista, los aspirantes son evaluados de manera conjunta y se espera que demuestren sus habilidades para trabajar en equipo, su capacidad de liderazgo y su capacidad de comunicación efectiva.

Para destacar en las entrevistas grupales y sobresalir entre los demás candidatos, es importante tener en cuenta ciertos consejos y estrategias que te ayudarán a tener una actuación exitosa. A continuación, te presentamos algunas claves que puedes poner en práctica:

1. Prepárate previamente: Antes de la entrevista, investiga sobre la empresa y su cultura organizacional. Familiarízate con los valores, objetivos y proyectos de la compañía. Esto te permitirá mostrar interés genuino durante la entrevista y alinear tus respuestas con las necesidades de la empresa.

2. Conócete a ti mismo: Reflexiona sobre tus fortalezas, habilidades y logros relevantes. Identifica situaciones en las que hayas trabajado exitosamente en equipo, liderado proyectos o resueltos conflictos. Estas experiencias te ayudarán a responder de manera efectiva durante la entrevista y demostrar tu capacidad para destacar en un entorno grupal.

3. Observa y escucha atentamente: Durante la entrevista, presta atención a tus compañeros y al facilitador. Escucha activamente las ideas y opiniones de los demás, mostrando interés y respeto por sus aportes.

Mantén una postura abierta y participativa, demostrando tu capacidad para trabajar en equipo y colaborar de manera eficiente.

4. Comunícate de forma clara y respetuosa: Expresa tus ideas de manera clara y concisa, evitando interrumpir o hablar por encima de los demás. Utiliza un lenguaje respetuoso y evita comentarios negativos o despectivos hacia tus compañeros. Recuerda que la comunicación efectiva es clave para destacar en una entrevista grupal.

5. Demuestra liderazgo en situaciones adecuadas: Si surge la oportunidad, muestra tu capacidad de liderazgo al tomar la iniciativa en un ejercicio o tarea grupal. Sin embargo, es importante hacerlo de manera colaborativa y no imponiendo tus ideas. Un buen líder es aquel que sabe escuchar y trabajar en equipo.

6. Flexibilidad y adaptabilidad: Durante la entrevista grupal, es posible que te enfrentes a situaciones que requieran adaptarte rápidamente a nuevos retos y cambios. Muestra flexibilidad y habilidad para adaptarte a las circunstancias, aportando ideas constructivas y siendo capaz de gestionar la presión.

Estas son solo algunas claves para destacar en las entrevistas grupales. Recuerda que cada situación es única, por lo que es importante adaptar estos consejos a tus propias fortalezas y estilo de comunicación.

Ten presente que una entrevista grupal no se trata únicamente de resaltar individualmente, sino también de demostrar tus habilidades para trabajar en equipo de manera efectiva. Por eso, es esencial encontrar un equilibrio entre destacar tus propias fortalezas y contribuir al éxito del grupo.

En la segunda parte de este capítulo, aprenderás técnicas específicas para liderar en una entrevista grupal, estrategias para enfrentar posibles conflictos y tips para destacar incluso cuando el grupo es muy competente. ¡No te pierdas la continuación y descubre cómo destacar en las entrevistas grupales de manera sobresaliente!

Continuará...Una vez que hayas aplicado las claves mencionadas anteriormente y hayas destacado en la primera parte de la entrevista grupal, es importante que mantengas el enfoque y sigas utilizando habilidades efectivas para liderar y sobresalir entre los candidatos. A continuación, se presentan técnicas específicas que te ayudarán a lograrlo.

7. Guía y comparte ideas: Si te encuentras en una situación en la que debes liderar una actividad grupal, asegúrate de fomentar la participación de todos los miembros del equipo. Anima a tus compañeros a compartir sus ideas y opiniones, y brinda retroalimentación positiva y constructiva. La capacidad de liderar y motivar a otros es un aspecto valioso que los empleadores buscan en los candidatos.

8. Delega tareas adecuadamente: Si se te asigna un ejercicio grupal en el que debes repartir tareas, asegúrate de asignarlas de acuerdo a las habilidades y fortalezas de cada individuo. Reconoce y valora las diferentes habilidades y contribuciones de tus compañeros, y aprovecha al máximo el trabajo en equipo.

9. Resuelve conflictos de manera constructiva: En ocasiones, pueden surgir desacuerdos o conflictos dentro de un grupo durante una entrevista grupal. Es importante abordar estos problemas de manera respetuosa y tratar de encontrar soluciones que beneficien a todos. Participa en la resolución de conflictos de manera diplomática y busca puntos en común para llegar a un consenso.

10. Muestra confianza y seguridad: Durante toda la entrevista grupal, es esencial que muestres confianza en ti mismo y en tus habilidades. Mantén una postura segura y utiliza un tono de voz claro y firme al expresar tus ideas. Recuerda que el lenguaje corporal también puede transmitir confianza, así que asegúrate de mantener un contacto visual adecuado y una actitud positiva.

11. Demuestra resiliencia: Es posible que te encuentres con situaciones desafiantes o preguntas difíciles durante la entrevista grupal. En lugar de dejarte afectar por estos obstáculos, demuestra resiliencia y la capacidad de mantener la calma. Responde de manera profesional y toma el tiempo necesario para reflexionar antes de responder. Los empleadores

valoran a los candidatos que pueden mantener la calma bajo presión y encontrar soluciones a los problemas.

12. Sé auténtico: A medida que te esfuerzas por destacar en una entrevista grupal, recuerda ser fiel a ti mismo. No trates de ser alguien que no eres solo para impresionar a los demás. En su lugar, muestra tu personalidad, tus valores y tus habilidades únicas. Los empleadores aprecian la autenticidad y valoran a los candidatos que pueden ser genuinos y honestos.

Recuerda, la clave para destacar en las entrevistas grupales es encontrar un equilibrio entre resaltar tus propias habilidades y contribuir al éxito del grupo. Utiliza estos consejos y técnicas para destacar y sobresalir entre los demás candidatos, demostrando tu capacidad para trabajar en equipo, liderar y comunicarte de manera efectiva.

La segunda parte de este capítulo te ha proporcionado estrategias adicionales para liderar en una entrevista grupal, enfrentar conflictos y destacar incluso cuando el grupo es muy competente. Esperamos que estos consejos te ayuden a tener éxito en tus futuras entrevistas grupales y te acerquen más a alcanzar tu empleo deseado.

Recuerda que cada experiencia es única y puede variar en diferentes situaciones. Adapta estos consejos a tus propias fortalezas y estilo de comunicación, y ¡no dudes en ponerlos en práctica! Buena suerte en tus futuras entrevistas grupales y en tu búsqueda de empleo deseado.

Capítulo 11: El poder de las preguntas inteligentes

Aprende a formular preguntas inteligentes durante una entrevista laboral para demostrar interés y conocimiento sobre el puesto y la empresa.

En una entrevista laboral, tu objetivo principal es destacar entre los demás candidatos y demostrar que eres la persona adecuada para el puesto. Aparte de responder a las preguntas del entrevistador de manera clara y concisa, también es importante que tú seas el que realice preguntas inteligentes. ¿Por qué? Porque hacer preguntas estratégicas no solo te ayuda a obtener información valiosa sobre la empresa y el puesto, sino que también demuestra tu interés y entusiasmo genuino.

Las preguntas inteligentes te permiten profundizar en la comprensión del rol que estás solicitando y demuestran que has investigado y estudiado la empresa antes de la entrevista. Aquí te presento algunas pautas para formular preguntas inteligentes que te ayudarán a dominar tus futuras entrevistas laborales:

1. Investiga a fondo la empresa: Antes de la entrevista, investiga a fondo la empresa y familiarízate con su misión, valores y logros destacados. Esto te permitirá formular preguntas pertinentes que demuestren tu conocimiento y tu interés genuino en la organización. Por ejemplo, puedes preguntar acerca de los desafíos que la empresa enfrenta en su industria o cómo se alinea su cultura corporativa con tus valores personales.

2. Personaliza tus preguntas: Adaptar tus preguntas a la posición específica a la que postulas es crucial. Muestra que entiendes las responsabilidades del puesto y cómo tus habilidades y experiencia

podrían contribuir a su éxito. Por ejemplo, si estás solicitando un puesto de marketing, podrías preguntar sobre las estrategias de marketing que han tenido éxito en el pasado y cómo planean enfrentar los desafíos actuales del mercado.

3. Demuestra tu interés en el crecimiento profesional: Las empresas valoran a los empleados comprometidos con su propio desarrollo profesional. Pregunta sobre oportunidades de aprendizaje y crecimiento dentro de la organización, como programas de capacitación, mentorías o posibilidades de ascenso. Esto muestra que estás dispuesto a invertir en tu desarrollo y a contribuir al crecimiento de la empresa a largo plazo.

4. Investiga las políticas corporativas: Si deseas asegurarte de que la empresa se ajuste a tus valores y necesidades, pregunta acerca de sus políticas corporativas. Por ejemplo, puedes indagar sobre su enfoque en la responsabilidad social corporativa, equilibrio trabajo-vida personal, políticas de diversidad e inclusión o programas de bienestar para empleados. Esto te brinda información valiosa para evaluar si la empresa es el ajuste adecuado para ti.

5. Sé proactivo: No esperes hasta el final de la entrevista para hacer preguntas. A medida que avanzas en la conversación, aprovecha oportunidades para realizar preguntas y demostrar que estás plenamente comprometido en el diálogo. Esto demuestra tu agilidad y tu habilidad para pensar de manera estratégica.

Recuerda, hacer preguntas inteligentes durante una entrevista laboral es una oportunidad para destacar y demostrar tu interés y comprensión de la empresa y el puesto. Utiliza estas pautas para formular preguntas que te ayuden a obtener información relevante y a crear una impresión positiva en el entrevistador.

Una vez que hayas formulado tus preguntas inteligentes durante una entrevista laboral, es importante que las plantees de manera efectiva y demuestres tu interés y conocimiento sobre el puesto y la empresa. Aquí te presento algunas pautas adicionales para asegurarte de que tus preguntas sean impactantes y relevantes:

6. Sé específico y conciso: Al plantear tus preguntas, asegúrate de que sean claras y específicas. Evita hacer preguntas vagas o demasiado generales, ya que esto puede demostrar falta de preparación. Por ejemplo, en lugar de preguntar "¿Cuál es la cultura corporativa de la empresa?", puedes ser más específico y preguntar "¿Cómo se fomenta la colaboración entre los equipos en esta empresa?" o "¿Cómo se celebran los logros individuales en su organización?".

7. Evita preguntas que ya han sido respondidas: Durante la entrevista, es posible que el entrevistador ya haya tocado algunos aspectos que ibas a preguntar. Presta atención a la conversación y adapta tus preguntas en consecuencia. Repetir una pregunta que ya ha sido respondida puede dar la impresión de que no estás prestando atención o que no has investigado lo suficiente.

8. Sé respetuoso y considerado: Asegúrate de formular tus preguntas de manera respetuosa y considerada, evitando cualquier pregunta que pueda resultar incómoda o inapropiada. Por ejemplo, evita preguntas sobre el salario o las horas de trabajo en una primera entrevista, ya que esto puede transmitir un enfoque demasiado centrado en ti mismo en lugar de en el valor que puedes aportar a la empresa.

9. Sé consciente del tiempo: Durante una entrevista laboral, el tiempo es limitado y valioso. Asegúrate de ser consciente de ello y no extender demasiado tus preguntas. Mantén tus preguntas breves y enfocadas para permitir que ambos, tú y el entrevistador, aprovechen al máximo el tiempo.

10. No temas preguntar sobre el proceso de selección: Si tienes dudas sobre el proceso de selección o los plazos, no dudes en preguntar. Esto demuestra tu interés y compromiso con la oportunidad laboral. Sin embargo, evita preguntar directamente sobre tus posibilidades de ser seleccionado, ya que esto puede resultar incómodo para el entrevistador.

Recuerda que hacer preguntas inteligentes durante una entrevista laboral es una oportunidad para destacar y mostrar tu interés en la empresa y el puesto ofrecido. Además de obtener información valiosa, las preguntas inteligentes demuestran tu capacidad de análisis y tu compromiso con el crecimiento personal y profesional.

En resumen, una entrevista laboral no se trata solo de responder preguntas, sino también de hacer preguntas inteligentes que demuestren tu interés genuino en la empresa y el puesto. Recuerda investigar a fondo la empresa, personalizar tus preguntas, demostrar interés en el crecimiento profesional, investigar las políticas corporativas y ser proactivo durante la entrevista. Utiliza estas pautas para formular preguntas relevantes y estratégicas que te ayuden a crear una impresión positiva en el entrevistador.

¡Ahora estás listo para dominar tus futuras entrevistas laborales con el poder de las preguntas inteligentes!

Capítulo 12: Superando las pruebas de selección

Descubre cómo superar eficazmente las diferentes pruebas de selección que pueden presentarse durante el proceso de entrevistas laborales.

En el competitivo mundo laboral de hoy en día, es esencial destacar entre otros candidatos para lograr el empleo deseado. Las entrevistas laborales son uno de los pilares fundamentales en el proceso de selección para cualquier puesto, y es necesario estar preparado para enfrentar las diferentes pruebas que se puedan presentar durante ellas. En este capítulo, exploraremos los principales desafíos que los candidatos pueden encontrar y brindaremos consejos prácticos para superar exitosamente estas pruebas.

Una de las pruebas más comunes en una entrevista laboral es la evaluación de habilidades técnicas y conocimientos específicos. Los reclutadores buscan asegurarse de que los candidatos posean las competencias necesarias para desempeñar el trabajo de manera efectiva. Para superar esta prueba, es fundamental prepararse adecuadamente. Antes de la entrevista, investiga sobre la empresa y el puesto al que te postulas. Familiarízate con las habilidades y conocimientos que se requieren y asegúrate de tener una base sólida en ellos.

Otra prueba importante es la evaluación de las habilidades de resolución de problemas y toma de decisiones. Durante la entrevista, es probable que te presenten situaciones hipotéticas o casos prácticos en los que deberás demostrar tu capacidad para analizar, evaluar opciones y tomar decisiones acertadas. Para superar esta prueba, es útil desarrollar tu pensamiento analítico y practicar la resolución de problemas. Puedes hacerlo participando en ejercicios de casos prácticos o resolviendo situaciones hipotéticas por tu cuenta.

Además, las pruebas de personalidad y adaptabilidad son cada vez más frecuentes en los procesos de selección. Los reclutadores desean evaluar si los candidatos se ajustan a la cultura de la empresa y si tienen la capacidad de adaptarse a diferentes situaciones. Para superar esta prueba, es importante ser auténtico y honesto. Muestra tu personalidad de manera positiva y destaca tus habilidades para adaptarte a cambios en el entorno laboral.

No podemos dejar de mencionar la importancia de la entrevista oral, donde los reclutadores evalúan la comunicación y las habilidades sociales de los candidatos. Para superar esta prueba, es crucial practicar la expresión verbal y el lenguaje corporal. Presta atención a tu tono de voz, evita el lenguaje corporal negativo y muestra interés y entusiasmo por la oportunidad laboral.

En conclusión, superar eficazmente las diferentes pruebas de selección que pueden presentarse durante el proceso de entrevistas laborales requiere preparación y confianza en uno mismo. El dominio de habilidades técnicas, la capacidad de resolución de problemas, la adaptabilidad y una buena comunicación son aspectos fundamentales a tener en cuenta. En la segunda mitad de este capítulo, exploraremos estrategias adicionales para enfrentar estas pruebas y lograr el éxito en el proceso de selección. Una de las pruebas adicionales que los candidatos pueden enfrentar durante una entrevista laboral es la resolución de casos de estudio. Estos casos suelen presentarse como escenarios reales o hipotéticos relacionados con el trabajo al que te postulas, y requieren que demuestres tu capacidad de análisis, pensamiento crítico y toma de decisiones basadas en la información proporcionada. Para superar esta prueba, es esencial seguir un proceso estructurado.

Primero, lee cuidadosamente el caso y asegúrate de comprender todos los detalles. Identifica el problema central que se plantea y haz una lista de los datos relevantes. Luego, analiza todas las posibles soluciones y evalúa sus ventajas y desventajas. Recuerda que es importante ser realista y considerar todas las implicaciones de cada opción.

Una vez que hayas evaluado todas las opciones, selecciona la que consideres más adecuada y justifica tu elección. Es fundamental que puedas explicar claramente tu razonamiento y argumentar en favor de tu decisión. Además, no olvides considerar posibles alternativas o soluciones de respaldo en caso de que tu primera opción no sea factible.

Durante la entrevista, es importante mostrar confianza en tus habilidades analíticas y ser capaz de comunicar tus ideas de manera clara y concisa. Utiliza un lenguaje objetivo y evita suposiciones infundadas. Si te piden que hagas cálculos o estimaciones, asegúrate de mostrar tu proceso de pensamiento y no te preocupes si no llegas a una respuesta exacta. Lo más importante es demostrar tu capacidad de análisis y tu enfoque lógico para resolver problemas.

Otra prueba común en las entrevistas laborales es la evaluación de tus habilidades de trabajo en equipo. A menudo, se te pedirá que participes en dinámicas de grupo o ejercicios de colaboración para demostrar cómo te relacionas con otros profesionales. Durante estas pruebas, es fundamental mostrar habilidades de comunicación efectiva, escucha activa y cooperación.

Para superar esta prueba, asegúrate de participar activamente, respetar las opiniones de los demás y trabajar en equipo para lograr los objetivos establecidos. También es importante demostrar que puedes adaptarte a diferentes roles y contribuir de manera constructiva al grupo.

Finalmente, en algunas ocasiones, las entrevistas laborales pueden incluir pruebas de simulación o desempeño para evaluar tus habilidades prácticas. Esto podría implicar la realización de tareas relacionadas con el trabajo en tiempo real, como presentaciones, ventas o resolución de problemas. Para superar estas pruebas, es fundamental haber preparado y practicado con anticipación.

Familiarízate con las tareas y responsabilidades clave del puesto, y asegúrate de tener un buen dominio de las habilidades prácticas necesarias. Practica en situaciones similares y enfócate en mejorar tus debilidades. Cuando se te presente la oportunidad de demostrar tus habilidades prácticas durante la entrevista, mantén la calma, confía en tu preparación y haz lo mejor que puedas.

En resumen, superar las diversas pruebas de selección durante las entrevistas laborales requiere preparación, habilidades analíticas, capacidad de trabajo en equipo y disposición a abordar desafíos prácticos. El objetivo final es destacar entre los demás candidatos y demostrar que posees las competencias necesarias para el empleo deseado.

En la segunda mitad de este capítulo, hemos explorado estrategias adicionales para superar exitosamente estas pruebas. Ahora estás equipado con conocimientos y consejos prácticos que te ayudarán a enfrentar con confianza las pruebas de selección durante el proceso de entrevistas laborales. Recuerda que el éxito radica en tu preparación y en la creencia en ti mismo.

Capítulo 13: La importancia de la actitud y el entusiasmo

Aprende la importancia de una actitud positiva y entusiasta durante una entrevista laboral y cómo puede influir en la decisión final del reclutador.

Una entrevista laboral puede ser una experiencia emocionante y, a veces, estresante para los estudiantes que buscan su primer empleo o una oportunidad de práctica. En este capítulo, exploraremos la importancia de mantener una actitud positiva y entusiasta durante una entrevista y cómo esto puede marcar la diferencia para lograr el empleo deseado.

Durante una entrevista, los reclutadores no solo evalúan las habilidades y conocimientos técnicos de los candidatos, también observan su actitud. La actitud reflejada en la forma de hablar, gestos y expresiones faciales puede transmitir mucho sobre una persona y cómo se relacionaría con el equipo de trabajo.

En primer lugar, una actitud positiva muestra compromiso y entusiasmo por la oportunidad. Los reclutadores buscan candidatos que estén verdaderamente interesados y emocionados por la empresa y el puesto en cuestión. Al mostrar una actitud positiva, los estudiantes pueden demostrar su motivación y deseo de aprender y crecer en la organización.

La energía y el entusiasmo son contagiosos, y un candidato que transmite estas cualidades puede generar una conexión más fuerte con el reclutador. Mostrar un genuino interés y entusiasmo por la empresa y el puesto puede influir positivamente en la percepción que el reclutador tenga del estudiante. Esto puede llevar a que el reclutador se sienta más inclinado a considerar al estudiante como un candidato destacado.

Además, una actitud positiva puede ayudar a superar obstáculos y situaciones difíciles durante la entrevista. Es posible que los reclutadores presenten preguntas desafiantes o que pongan al candidato en situaciones inesperadas para evaluar su capacidad para resolver problemas o lidiar con el estrés. En estas circunstancias, una actitud positiva puede permitir al estudiante mantener la calma, pensar con claridad y responder de manera efectiva.

Por otro lado, una actitud negativa o falta de entusiasmo puede ser perjudicial para las oportunidades laborales. Un candidato que muestra desinterés durante la entrevista puede dar la impresión de que no valora la oportunidad o que no está dispuesto a esforzarse. Estas actitudes pueden llevar a que el reclutador descarte al estudiante como una opción viable.

En resumen, la actitud y el entusiasmo son aspectos clave a considerar durante una entrevista laboral. Una actitud positiva demuestra compromiso, motivación y energía, lo cual puede influir en la percepción que el reclutador tiene del estudiante. Por el contrario, una actitud negativa o falta de entusiasmo puede afectar negativamente las oportunidades de empleo.

En el próximo capítulo, exploraremos estrategias prácticas para desarrollar y mantener una actitud positiva durante la entrevista. Descubriremos cómo prepararse mentalmente, cómo abordar las preguntas desafiantes y cómo mantener la confianza durante todo el proceso de selección. ¡No te lo pierdas! Una actitud positiva y entusiasta es fundamental durante una entrevista laboral, pero ¿cómo podemos desarrollar y mantener esta actitud en todo momento? En esta segunda mitad del capítulo, exploraremos algunas estrategias prácticas para lograrlo.

Primero, es importante prepararse mentalmente antes de la entrevista. Toma un tiempo para investigar sobre la empresa, su cultura y los requisitos del puesto. Cuanta más información tengas, más preparado te sentirás y mayor confianza proyectarás durante la entrevista. También es útil practicar respuestas a preguntas comunes de entrevistas, de modo que puedas expresarte de manera clara y segura. Además, prepárate para posibles preguntas desafiantes, de modo que puedas responder con calma y efectividad.

Durante la entrevista, mantén tu energía alta y muestra entusiasmo por la oportunidad. Sonríe, mantén un lenguaje corporal abierto y utiliza un tono de voz positivo. Estos pequeños detalles pueden marcar la diferencia en cómo te percibe el reclutador. Recuerda que tu actitud refleja tu nivel de compromiso y entusiasmo por el puesto, así que asegúrate de transmitirlo de manera adecuada.

Además, no tengas miedo de expresar tu interés y hacer preguntas durante la entrevista. Esto demuestra que estás realmente interesado en la empresa y en la oportunidad. Pregunta sobre el equipo de trabajo, las responsabilidades del puesto o los proyectos en los que podrías estar involucrado. Esta participación activa durante la entrevista puede generar una conexión más profunda entre tú y el reclutador.

Es posible que durante la entrevista te encuentres con alguna pregunta desafiante o una situación inesperada. En estas circunstancias, mantén la calma y piensa antes de responder. No tengas miedo de pedir aclaraciones o tomarte un momento para considerar tu respuesta. Recuerda que el reclutador también espera que puedas tomar decisiones fundamentadas y actuar de manera eficiente bajo presión. Mantén tu actitud tranquila, segura y positiva, sin importar los obstáculos que puedas encontrar.

Por otro lado, es importante recordar que una actitud positiva no significa fingir entusiasmo. Ser honesto contigo mismo y con el reclutador es esencial para encontrar un trabajo que se ajuste realmente a tus metas y valores. Si durante la entrevista descubres que la empresa o el puesto no cumplen con tus expectativas o intereses, no tengas miedo de ser honesto al respecto. Recuerda que una entrevista es una oportunidad para que ambas partes se conozcan y determinen si encajan o no.

En resumen, mantener una actitud positiva y entusiasta durante una entrevista laboral puede marcar la diferencia en el resultado final. Prepararse mentalmente, mantener la energía y el entusiasmo, hacer preguntas, mantener la calma ante situaciones desafiantes y ser honesto son estrategias clave para lograrlo. Recuerda que tu actitud refleja tu nivel de compromiso y motivación, y puede influir en cómo te percibe el reclutador. Sigue practicando y desarrollando tu actitud positiva, ¡y estarás un paso más cerca de alcanzar el empleo deseado!

Capítulo 14: Cómo manejar la presión y los nervios

En el competitivo mundo laboral, las entrevistas de trabajo son un paso crucial para conseguir el empleo deseado. Sin embargo, es natural sentir nervios y presión durante este proceso. Afortunadamente, existen técnicas efectivas que te ayudarán a manejar tus emociones y enfrentar la entrevista laboral con confianza. En este capítulo, descubrirás estrategias útiles para controlar la presión y los nervios antes y durante una entrevista, asegurándote de presentar tu mejor versión.

Antes de la entrevista, es esencial prepararse adecuadamente. La falta de preparación puede aumentar la ansiedad y los nervios, por lo que es recomendable investigar sobre la empresa y el puesto al que te postulas. Analiza la página web de la compañía, su historia, valores y proyectos. Además, asegúrate de conocer las habilidades y conocimientos requeridos para el empleo. Cuanto más informado estés, más confianza traerás a la entrevista.

Otra técnica efectiva consiste en practicar tus respuestas a posibles preguntas de la entrevista. Considera situaciones difíciles que podrían surgir y prepárate para responder de manera adecuada y convincente. Practicar frente a un espejo o con un amigo te ayudará a sentirte más cómodo y preparado. Además, realizar una lista de logros y fortalezas te permitirá destacar tus cualidades durante la entrevista.

El control de la respiración es una herramienta poderosa para manejar la presión y los nervios. Antes de ingresar a la entrevista, tómate un momento para respirar profundamente. Inhala lentamente por la nariz, retén el aire durante unos segundos y luego exhala suavemente por la boca. Este ejercicio te ayudará a relajar el cuerpo y la mente, disminuyendo la ansiedad y construyendo una sensación de calma.

Durante la entrevista, mantener una postura corporal adecuada desempeña un papel importante en el manejo de los nervios. Siéntate derecho, mantén el contacto visual con el entrevistador y evita cruces de brazos o gestos nerviosos. Una postura confiada y abierta transmitirá una imagen de seguridad y control.

Asimismo, es crucial escuchar con atención las preguntas del entrevistador. Tómate unos segundos antes de responder para analizar la pregunta y organizar tus ideas. Hablar de manera pausada y clara te permitirá expresarte de forma efectiva, evitando los nervios que pueden llevarte a respuestas poco coherentes.

Durante una entrevista, es normal enfrentarse a preguntas difíciles o situaciones inesperadas. Enfócate en el presente y mantén la calma. Si te sientes abrumado, puedes utilizar una técnica llamada "anclaje" en la que te enfocas en un objeto tangible, como una pulsera o un anillo. Tocarlo discretamente te ayudará a reconectar con la realidad y a mantener la concentración.

Recuerda que la confianza es clave. Visualízate a ti mismo obteniendo el empleo deseado y cumpliendo tus metas profesionales. Mantén pensamientos positivos y enfócate en tus cualidades y logros. La confianza proyectada será notada por los entrevistadores y te ayudará a destacar entre los demás candidatos.

En conclusión, manejar la presión y los nervios durante una entrevista laboral es fundamental para alcanzar el empleo deseado. A través de una adecuada preparación, control de la respiración, postura corporal, escucha atenta, y visualización positiva, podrás enfrentar la entrevista con confianza y seguridad. No te pierdas la segunda parte de este capítulo, en donde descubrirás técnicas adicionales para superar cualquier obstáculo que puedas encontrar durante una entrevista laboral. ¡Sigue leyendo y descubre cómo dominar este desafío y asegurar tu éxito profesional! En la segunda mitad de este capítulo, vamos a explorar técnicas adicionales para manejar la presión y los nervios durante una entrevista laboral. Estas estrategias te ayudarán a superar cualquier obstáculo que puedas encontrar, asegurando tu éxito profesional.

El manejo del tiempo es fundamental durante una entrevista. Es importante ser puntual y llegar unos minutos antes de la hora acordada. Esto te permitirá familiarizarte con el entorno y acomodarte antes de comenzar la entrevista. Además, evita apresurarte en tus respuestas. Tómate un segundo para pensar antes de responder y recuerda que no hay prisa por dar una respuesta instantánea. Responder de manera reflexiva y coherente mostrará tu capacidad para pensar con claridad bajo presión.

Durante la entrevista, es crucial mantener una actitud positiva y entusiasta. Mostrar interés genuino en la empresa y en el puesto al que te postulas marcará la diferencia. Los reclutadores buscan candidatos motivados y apasionados, por lo que demuestra tu entusiasmo al hablar sobre la empresa, sus proyectos y cómo tus habilidades se alinean con los objetivos de la compañía.

La comunicación verbal y no verbal juegan un papel importante en el manejo de la presión y los nervios. Habla de manera clara y segura, evitando muletillas y titubeos. Mantén un volumen de voz adecuado, ni demasiado bajo ni demasiado alto. Además, utiliza el lenguaje corporal de manera positiva. Sonríe, mantén contacto visual y utiliza gestos moderados para transmitir confianza y empatía.

Es normal que surjan preguntas difíciles o situaciones inesperadas durante una entrevista. En estos momentos, es importante mantener la calma y pensar antes de responder. No tengas miedo de pedir aclaraciones si no comprendes completamente una pregunta. Sé honesto y sincero en tus respuestas, incluso si no tienes una respuesta perfecta. Los reclutadores valoran la autenticidad y la capacidad para manejar situaciones desafiantes.

Además, aprovecha cualquier oportunidad para destacar tus logros y experiencias relevantes. Menciona situaciones en las que hayas demostrado habilidades importantes para el puesto, como liderazgo, resolución de problemas o trabajo en equipo. Utiliza ejemplos concretos para respaldar tus afirmaciones y demuestra cómo tus habilidades y experiencia te convierten en el candidato ideal para el trabajo.

Finalmente, es esencial cerrar la entrevista de manera efectiva. Agradece al entrevistador por su tiempo y muestra tu interés continuo en el trabajo. Pregunta sobre los próximos pasos del proceso de contratación y cómo puedes seguir en contacto. Recuerda enviar una nota de agradecimiento después de la entrevista para reiterar tu interés y agradecimiento por la oportunidad.

En resumen, manejar la presión y los nervios durante una entrevista laboral requiere preparación, confianza y una actitud positiva. A través del manejo del tiempo, la comunicación efectiva, la reflexión en las respuestas y el cierre adecuado, podrás destacarte entre los demás candidatos y alcanzar el empleo deseado. Recuerda, la entrevista laboral es una oportunidad para mostrar tu mejor versión y demostrar por qué eres el candidato ideal para el trabajo. ¡No dejes que los nervios te detengan, confía en ti mismo y ve por ese empleo deseado!

Capítulo 15: Negociando el salario y los beneficios

Aprende a negociar de manera efectiva el salario y los beneficios durante una entrevista laboral.

La etapa de negociación salarial y de beneficios es un momento crucial en el proceso de una entrevista laboral. Una vez que has demostrado tu valía como candidato y se ha establecido un interés mutuo, es el momento adecuado para discutir los detalles financieros y los beneficios asociados al empleo deseado. En este capítulo, aprenderás las estrategias y técnicas necesarias para negociar de manera efectiva y asegurar un salario y beneficios justos.

Al enfrentarte a la negociación salarial, es fundamental investigar y comprender los estándares de remuneración de la industria y del puesto al que aspiras. Investiga el rango salarial promedio para posiciones similares y considera tus habilidades, experiencia y nivel educativo al determinar el valor que aportarías a la empresa. Esta información te permitirá establecer una base sólida para tus negociaciones.

Además del salario base, los beneficios también desempeñan un papel crucial en la oferta laboral. Estos pueden incluir seguro médico, planes de retiro, bonificaciones, días de vacaciones y otros incentivos adicionales. Antes de la entrevista, investiga los beneficios típicos que se ofrecen en la industria y prepárate para negociar aquellos que sean importantes para ti.

Durante la entrevista, evita ser el primero en mencionar un número con respecto al salario. En su lugar, espera a que el empleador inicie la discusión sobre remuneración. Esto te dará una idea de cuánto valoran tus habilidades y experiencia. Si se te pide que menciones tus expectativas salariales, expresa tu interés en el puesto y el deseo de conocer más sobre la oferta antes de establecer una cifra específica. Mantén tus expectativas realistas y considera los estándares de la industria y del puesto.

Cuando se trate de negociar el salario, es importante destacar tu valor agregado y cómo tus habilidades y experiencia pueden beneficiar a la empresa. Resalta tus logros pasados y el impacto que has tenido en organizaciones anteriores. Si te ofrecen un salario inicial que no cumple con tus expectativas, no tengas miedo de negociar. Argumenta de manera clara y objetiva por qué mereces un salario más alto, respaldando tus argumentos con hechos y datos tangibles.

Recuerda que la negociación salarial es un proceso, y no todas las empresas tendrán la misma flexibilidad. Sé flexible y considera la posibilidad de obtener otros beneficios o bonificaciones adicionales en lugar de un salario más alto. Si la empresa no puede satisfacer tus demandas salariales, puedes explorar opciones alternativas como aumentos periódicos o una bonificación anual basada en el desempeño.

Así como la negociación salarial, la discusión de los beneficios también requiere tacto y estrategia. Antes de la entrevista, haz una lista de los beneficios que consideras más importantes y priorízalos. Durante la entrevista, destaca aquellos beneficios que sean relevantes para ti y haz preguntas específicas sobre ellos. Muestra interés y compromiso con la empresa al querer comprender cómo los beneficios pueden encajar en tu vida profesional y personal.

La negociación salarial y de beneficios no es solo un proceso para obtener un mejor salario, sino también una oportunidad para establecerte en un puesto que te brinde satisfacción y bienestar a largo plazo. Al prepararte adecuadamente, investigar y utilizar técnicas efectivas de negociación, estarás en una posición óptima para alcanzar el empleo deseado junto con el paquete salarial y de beneficios que te satisfaga.

No te pierdas esta segunda parte del capítulo "Negociando el salario y los beneficios" donde te proporcionaré más consejos y estrategias para alcanzar la mejor oferta laboral posible.

Una vez que hayas establecido tus expectativas salariales y de beneficios, es crucial que te prepares para la negociación en la entrevista. Practica tus habilidades de comunicación y argumentación para defender tu posición de manera clara y convincente. Además, mantén una actitud profesional y respetuosa durante toda la negociación, demostrando tu disposición para colaborar y encontrar una solución mutuamente beneficiosa.

Durante la entrevista, es probable que surjan preguntas relacionadas con tus expectativas salariales. Si el empleador te hace una oferta inicial, no tienes que aceptarla de inmediato. Aprovecha esta oportunidad para negociar de manera constructiva. Si consideras que la oferta está por debajo de tus expectativas, puedes expresar tu interés por el puesto y agradecer la oferta, pero también mencionar que esperabas algo más acorde con tus habilidades y experiencia.

Cuando realices una contraoferta, asegúrate de respaldarla con razones sólidas. Puedes mencionar los logros y resultados concretos que has alcanzado en trabajos anteriores, así como tu nivel de expertise en el campo. Asimismo, puedes hacer hincapié en cómo tus habilidades y experiencia positivamente impactarán en los resultados de la empresa. De esta manera, estás demostrando el valor que aportarías y justificando tu solicitud de un salario más alto.

Recuerda que la negociación salarial no se trata solo del número en sí, sino también de los beneficios adicionales. Si la empresa no puede o no está dispuesta a ajustar el salario, puedes considerar la posibilidad de negociar otros beneficios, como más días de vacaciones, horarios flexibles, oportunidades de desarrollo profesional o bonificaciones basadas en el desempeño. Asegúrate de tener una lista de qué beneficios son importantes para ti y priorízalos según tus necesidades personales y profesionales.

Sin embargo, es importante ser realista y comprender que no todas las empresas están dispuestas a hacer grandes concesiones. Si después de una negociación constructiva no se llega a un acuerdo, evalúa si es un trabajo que realmente te interesa y si las condiciones son aceptables para ti. Si no es así, no tengas miedo de considerar otras oportunidades de empleo que puedan ofrecerte un mejor paquete salarial y de beneficios.

Recuerda, el objetivo principal de la negociación salarial y de beneficios es encontrar un equilibrio entre tus necesidades y las de la empresa. No olvides que una buena oferta laboral no solo se basa en el salario, sino también en la satisfacción y el bienestar a largo plazo que te brindará el trabajo. Es importante tener una visión a largo plazo y evaluar cómo el puesto y los beneficios encajan en tus metas y estilo de vida.

En resumen, para negociar de manera efectiva el salario y los beneficios durante una entrevista laboral, es fundamental investigar y comprender los estándares de remuneración de la industria y del puesto al que aspiras. Durante la entrevista, evita ser el primero en mencionar un número con respecto al salario y destaca tu valor agregado y cómo tus habilidades y experiencia pueden beneficiar a la empresa. No tengas miedo de negociar de manera constructiva y considerar también los beneficios adicionales. Recuerda que la negociación salarial es un proceso y no todas las empresas tendrán la misma flexibilidad. Establece tus expectativas, mantén una actitud profesional y busca un equilibrio que satisfaga tus necesidades y las de la empresa.

¡Sigue estos consejos y estarás más cerca de alcanzar el empleo deseado con el salario y los beneficios que te mereces!

Capítulo 16: El seguimiento posterior a la entrevista

En el apasionante proceso de búsqueda de empleo, la etapa de la entrevista laboral se destaca como una de las más cruciales. Es aquí donde los candidatos tienen la oportunidad de destacar sus habilidades, demostrar su personalidad y establecer una conexión con los empleadores. Sin embargo, muchos desconocen la importancia de realizar un seguimiento posterior a la entrevista. En este capítulo, descubriremos cómo esta acción puede influir en la decisión final del proceso de selección.

Después de haber realizado una entrevista, es normal sentir cierta tensión e incertidumbre. ¿Deberías esperar pacientemente a que los empleadores te contacten o tomar iniciativa y hacerles saber tu interés? La respuesta es clara: el seguimiento posterior a la entrevista es fundamental para destacar entre los demás candidatos y demostrar tu compromiso con la oportunidad laboral.

Un seguimiento adecuado puede marcar la diferencia entre ser considerado para el puesto o simplemente pasar desapercibido. Como estudiante en busca de empleo, es esencial entender que los empleadores están buscando personas proactivas, comprometidas y dispuestas a hacer un esfuerzo adicional.

El primer paso para realizar un seguimiento posterior a la entrevista es enviar un agradecimiento por escrito a los entrevistadores. Puedes hacerlo a través de un correo electrónico o una carta formal, expresando tu gratitud por la oportunidad de haber sido considerado en el proceso de selección. Utiliza este momento para resaltar nuevamente tus cualidades y recalcar tu interés genuino en el puesto.

Al redactar tu mensaje de agradecimiento, evita utilizar lenguaje informal o demasiado coloquial. Mantén un tono profesional y conciso, demostrando tu habilidad comunicativa y tu capacidad para expresarte de manera clara y efectiva. Recuerda que este mensaje servirá como recordatorio positivo de tu entrevista y reforzará tu imagen en la mente de los empleadores.

Además del agradecimiento, puedes aprovechar el seguimiento posterior para abordar cualquier pregunta que haya quedado pendiente o proporcionar información adicional que pueda ser relevante. Demuestra tu compromiso a través de una investigación previa de la empresa y menciona cómo tus habilidades y experiencia se alinean con sus necesidades.

A veces, los empleadores pueden tardar un tiempo en tomar una decisión final debido a diversas circunstancias. Durante ese período, es importante mantener la paciencia y no presionar en exceso. Hacer un seguimiento después de la entrevista no significa perseguir constantemente a los empleadores, sino más bien, recordarles tu interés y disposición para recibir cualquier información adicional que necesiten.

El seguimiento posterior a la entrevista también puede brindarte la oportunidad de interactuar con otros miembros del equipo de reclutamiento o con empleados de la empresa. Si recibes una respuesta positiva después de tu agradecimiento inicial, no dudes en continuar la conversación y demostrar tu entusiasmo por la oportunidad de trabajar con ellos. Este tipo de interacción adicional puede fortalecer tu conexión con la empresa y ayudarte a destacar aún más entre los demás candidatos.

En conclusión, realizar un seguimiento después de una entrevista laboral puede ser determinante para dejar una impresión duradera en los empleadores. El agradecimiento por escrito y la oportunidad de brindar información adicional son acciones que demuestran tu compromiso y profesionalismo. Recuerda que el seguimiento no se trata de ser insistente, sino de mostrar tu interés genuino y tu disponibilidad para seguir adelante en el proceso de selección.

¡Y aquí lo dejamos! En el próximo capítulo, revelaremos estrategias adicionales para que puedas sacar el máximo provecho de tu seguimiento posterior a la entrevista. Prepara tu mente y continúa leyendo para descubrir cómo puedes superar las expectativas de los empleadores y maximizar tus posibilidades de alcanzar el empleo deseado. Después de haber enviado tu agradecimiento por escrito, es posible que te enfrentes a un período de espera antes de recibir una respuesta por parte de los empleadores. Durante esta etapa, es fundamental que mantengas la paciencia y la confianza en ti mismo. Recuerda que los procesos de selección pueden llevar tiempo y es importante no desanimarse.

Mientras esperas, es recomendable que utilices ese tiempo para seguir investigando sobre la empresa. Presta atención a las noticias o eventos recientes relacionados con la organización y utiliza esa información para estar preparado en caso de que te contacten nuevamente. Además, puedes aprovechar para fortalecer tus habilidades y conocimientos relacionados con el puesto al que te postulaste. Cuanto más preparado estés, mejor podrás destacar en futuras oportunidades laborales.

Una vez que recibas una respuesta por parte de los empleadores, ya sea una invitación para una segunda entrevista o una notificación de que no fuiste seleccionado, es importante responder de manera profesional y agradecida. En el caso de ser invitado a una segunda entrevista, asegúrate de prepararte adecuadamente y mostrar nuevamente tu interés en el puesto. Esta etapa del proceso de selección es una oportunidad para profundizar en tus habilidades y experiencia, así como para mostrar una vez más tu compatibilidad con la empresa.

Si recibes la notificación de que no fuiste seleccionado para el puesto, no desesperes. Toma esta situación como una oportunidad para aprender y mejorar. Solicita un feedback a los empleadores sobre tu desempeño durante la entrevista y utiliza esa información para crecer y desarrollarte en futuras oportunidades laborales. Recuerda que cada experiencia es valiosa y te acerca cada vez más al empleo deseado.

En el caso de que no recibas una respuesta por parte de los empleadores después de haber enviado tu agradecimiento por escrito, no te desanimes. Es posible que el proceso de selección esté tomando más tiempo de lo esperado o que la empresa esté esperando a evaluar a otros candidatos antes de tomar una decisión final. En este caso, es recomendable que realices un seguimiento adicional de manera respetuosa y profesional.

Para ello, puedes enviar un breve correo electrónico o llamar por teléfono para recordar tu interés en el puesto y preguntar si hay alguna actualización en el proceso de selección. Sin embargo, es importante no ser demasiado insistente ni molesto. Mantén una actitud amable y respetuosa en todo momento.

En resumen, el seguimiento posterior a la entrevista es una parte fundamental del proceso de selección y puede marcar la diferencia en la decisión final de los empleadores. Durante este período, es importante mantener la paciencia, la confianza y seguir preparándote para futuras oportunidades. Recuerda que cada experiencia es una oportunidad de aprendizaje y crecimiento, y con perseverancia, podrás alcanzar el empleo deseado.

Te invito a continuar leyendo y descubriendo estrategias adicionales en el próximo capítulo, donde revelaremos cómo superar las expectativas de los empleadores y maximizar tus posibilidades de éxito en el proceso de selección. ¡No te lo puedes perder!

Capítulo 17: El arte de aceptar una oferta de trabajo

Aprende cómo aceptar una oferta de trabajo de manera profesional y asegurarte de tomar la mejor decisión para tu carrera.

Cuando finalmente recibes una oferta de trabajo después de un arduo proceso de entrevistas, es comprensible que sientas emoción y alivio. Sin embargo, antes de aceptar de inmediato, es importante tener en cuenta varios aspectos y considerar cuidadosamente si esta oportunidad es realmente la adecuada para ti.

En primer lugar, es fundamental evaluar la oferta en su totalidad. No te dejes deslumbrar únicamente por el salario o los beneficios que ofrece la empresa. Toma en cuenta aspectos como el horario de trabajo, la ubicación geográfica de la empresa, las oportunidades de crecimiento profesional y el equilibrio entre tu vida personal y laboral. Reflexiona sobre cómo encaja esta oferta dentro de tus metas y aspiraciones a largo plazo.

Además, es esencial investigar a fondo la empresa que te presenta la oferta. Investiga su reputación, cultura organizacional y perspectivas de crecimiento. Comprueba si la empresa tiene un ambiente de trabajo que se ajuste a tus valores y expectativas. Si es posible, habla con empleados actuales o antiguos para obtener una perspectiva interna. Recuerda que aceptar un empleo no solo se trata de ganar un salario, sino también de formar parte de un equipo y una comunidad laboral.

Una vez que hayas evaluado todos estos aspectos, es momento de comunicar tu decisión a la empresa. Es importante hacerlo de manera profesional y agradecida, independientemente de si decides aceptar o declinar la oferta. Recuerda que esta es una oportunidad para establecer una buena relación y mantener puertas abiertas para futuras colaboraciones.

Si decides aceptar la oferta, es recomendable hacerlo por escrito. Redacta una carta formal expresando tu entusiasmo y gratitud por la oportunidad que te han brindado. Asegúrate de mencionar los detalles clave acordados, como el inicio de tus labores, el salario y cualquier beneficio adicional acordado durante la negociación.

Sin embargo, antes de enviar la carta oficial de aceptación, es prudente hablar con tu futuro empleador para aclarar cualquier duda o inquietud que puedas tener. No temas plantear preguntas sobre el puesto, las responsabilidades específicas, las expectativas y el proceso de integración a la empresa. Esta conversación te permitirá obtener más información y garantizar que estás tomando la decisión correcta.

Recuerda que aceptar una oferta de trabajo es solo el comienzo. Una vez que estés dentro de la empresa, es importante comprometerte y demostrar tu valía. Aprovecha la oportunidad para aprender y crecer profesionalmente. Establece metas claras y trabaja arduamente para alcanzarlas. Mantén una actitud positiva y proactiva, y busca oportunidades para contribuir al éxito de la organización.

En resumen, el arte de aceptar una oferta de trabajo implica tomar decisiones informadas. Evalúa la oferta en su totalidad, investiga a fondo la empresa y comunica tu decisión de manera profesional. Recuerda que aceptar o declinar una oferta de trabajo es una oportunidad para avanzar hacia tus metas y construir una carrera exitosa. Y ahora, te invitamos a dar un paso más allá y descubrir cómo enfrentar los desafíos que pueden surgir después de aceptar una oferta laboral en el siguiente capítulo. ¡Continúa leyendo para obtener más consejos valiosos y no olvides que el camino hacia el éxito profesional está lleno de sorpresas! Una vez que hayas aceptado una oferta de trabajo, es probable que te surjan dudas o inquietudes sobre cómo proceder o qué esperar en tu nueva posición. En esta segunda mitad del capítulo, te proporcionaremos consejos y estrategias para enfrentar los desafíos que pueden surgir después de aceptar una oferta laboral. Es fundamental que te prepares adecuadamente y te adaptes a tu nuevo entorno de trabajo.

En primer lugar, es importante que te acerques a tu nuevo empleador para obtener toda la información necesaria antes de tu primer día de trabajo. Ponte en contacto con el departamento de recursos humanos o con tu nuevo supervisor para discutir los detalles logísticos de tu entrada a la empresa. Asegúrate de conocer la ubicación exacta de la oficina, el horario de trabajo y cualquier requisito adicional, como el código de vestimenta o las políticas internas.

Además, es fundamental que te informes sobre las expectativas específicas de tu nuevo puesto. Pregunta a tu supervisor o al equipo de recursos humanos cuáles son las responsabilidades y tareas clave que se esperan de ti. Familiarízate con los proyectos o iniciativas en las que estarás involucrado y dedica tiempo a investigar y aprender sobre ellos. Esto te ayudará a sentirte preparado y capacitado desde el primer día.

Una vez que comiences tu nuevo empleo, es esencial que estés abierto y receptivo a los comentarios y sugerencias de tus compañeros de trabajo y supervisores. Acepta el proceso de aprendizaje con humildad y muestra disposición para mejorar y crecer profesionalmente. No temas hacer preguntas y busca siempre oportunidades de desarrollo y capacitación dentro de la empresa.

Además, es fundamental que establezcas relaciones sólidas y positivas con tus compañeros de trabajo. Involúcrate en actividades sociales o en grupos de interés dentro de la empresa. Participa activamente en reuniones y colaboraciones para construir tu red de contactos profesionales. Recuerda que el trabajo en equipo y la colaboración son aspectos clave en el mundo laboral actual.

No te olvides de mantener una actitud positiva y proactiva en todo momento. Asume la responsabilidad de tus acciones y proyectos, y busca siempre formas de agregar valor a tu equipo y a la organización en su conjunto. No te conformes con el mínimo exigido, sino esfuérzate por sobresalir y destacar en tu desempeño profesional.

Finalmente, recuerda que el éxito no es solo cuestión de logros individuales, sino también de adaptación y contribución al ambiente de trabajo. Busca oportunidades para mostrar tu liderazgo y tu capacidad para trabajar en equipo. Comparte tus ideas y opiniones constructivas, y muestra interés en el éxito y crecimiento de la empresa.

En resumen, aceptar una oferta de trabajo es solo el comienzo de una nueva etapa profesional. Es fundamental que te prepares adecuadamente y que te adaptes al nuevo entorno laboral. Obtén toda la información necesaria, comprende tus responsabilidades específicas y muestra una actitud positiva y proactiva. Construye relaciones sólidas con tus compañeros de trabajo y busca oportunidades de crecimiento y desarrollo. Con estos consejos, estarás en el camino hacia una carrera exitosa y gratificante.

Recuerda que el camino hacia el éxito profesional está lleno de desafíos y sorpresas, pero con determinación, perseverancia y una actitud positiva, podrás superar cualquier obstáculo que se presente en tu camino. ¡No te desanimes y sigue adelante en busca de tus metas y sueños profesionales!

Descargo de Responsabilidad para eBook

IMPORTANTE: Por favor, lea este descargo de responsabilidad en su totalidad antes de usar este eBook.

Este eBook está destinado únicamente a fines informativos y educativos. El autor y el editor de este eBook y los materiales asociados han hecho todo lo posible para garantizar que la información proporcionada sea precisa y útil. Sin embargo, el contenido se proporciona "tal cual" sin garantía de resultados completos, precisión o la ausencia de errores.

Limitación de Responsabilidad

El autor y el editor de este eBook y los materiales relacionados no serán responsables por ningún daño directo, indirecto, incidental, consecuente o punitivo que surja del acceso, uso o imposibilidad de usar este eBook, o cualquier error u omisión en el contenido del mismo.

Este descargo de responsabilidad se aplica a cualquier daño o lesión causada por cualquier falla de rendimiento, error, omisión, interrupción, eliminación, defecto, retraso en la operación o transmisión, virus informático, falla de la línea de comunicación, robo o destrucción o acceso no autorizado, alteración o uso del registro, ya sea por incumplimiento de contrato, comportamiento tortuoso, negligencia o bajo cualquier otra causa de acción.

Derechos de Autor y Uso del Contenido

El contenido de este eBook es propiedad del autor y está protegido por las leyes de derechos de autor internacionales y nacionales. El autor concede a los compradores de este eBook una licencia no exclusiva para ver, copiar e imprimir el contenido del eBook para uso personal y no comercial solamente.

No está permitido reproducir, transmitir o distribuir cualquier parte de este eBook en cualquier forma o por cualquier medio, electrónico o mecánico, incluyendo fotocopiado, grabación o cualquier sistema de almacenamiento y recuperación de información, sin permiso por escrito del autor, excepto para el uso de citas breves en una reseña.

No es un Consejo Profesional

La información contenida en este eBook no pretende ser un consejo profesional. Los lectores deben buscar el asesoramiento de profesionales calificados antes de actuar con respecto a los temas mencionados aquí.

Modificaciones al eBook

El autor y el editor se reservan el derecho de modificar o retirar cualquier parte de este eBook o los materiales asociados a su discreción en cualquier momento sin previo aviso.

Consentimiento

Al usar este eBook, usted indica su aceptación de este descargo de responsabilidad. Si no está de acuerdo con este descargo de responsabilidad, por favor no utilice el eBook.

Don't miss out!

Visit the website below and you can sign up to receive emails whenever Gonzalo Estrada publishes a new book. There's no charge and no obligation.

https://books2read.com/r/B-A-OZBBB-YZEQC

BOOKS 2 READ

Connecting independent readers to independent writers.

Did you love *Entrevista Laboral*? Then you should read *Afirmaciones y Empoderamiento*[1] by Gonzalo Estrada!

[2]

"Afirmaciones y empoderamiento: Cómo cambiar tu mentalidad y alcanzar tus metas"**

En un mundo lleno de desafíos y obstáculos, es esencial contar con las herramientas adecuadas para superar cualquier adversidad y alcanzar nuestros sueños. "Afirmaciones y empoderamiento" es una guía inspiradora que te llevará de la mano en un viaje transformador hacia el autodescubrimiento y el crecimiento personal. Desde el primer capítulo, te sumergirás en la importancia de comenzar este viaje con una mentalidad abierta y dispuesta al cambio.

A medida que avances, aprenderás a identificar tus metas y sueños, y cómo las afirmaciones pueden ser herramientas poderosas para reforzar

---

1. https://books2read.com/u/b6G50E

2. https://books2read.com/u/b6G50E

tu determinación y autoestima. Descubrirás cómo superar esas creencias limitantes que te han frenado y cómo practicar la gratitud y el amor propio puede ser el cimiento de una vida plena.

Cada capítulo te brinda estrategias y técnicas para construir una mentalidad resiliente, enfrentar el miedo, la auto duda y cultivar una perspectiva de abundancia. Además, se destaca la importancia de establecer límites saludables, desarrollar resiliencia emocional y enfrentar la adversidad con valentía y fortaleza.

El libro no solo se centra en el empoderamiento individual, sino también en cómo cultivar relaciones y entornos positivos, y cómo el autocuidado y la gestión del estrés son esenciales para mantener un equilibrio en la vida cotidiana. Finalmente, te invita a celebrar cada logro, por pequeño que sea, y a fomentar el optimismo y el pensamiento positivo en cada paso del camino.

"Afirmaciones y empoderamiento" es más que un libro; es un compañero en tu viaje hacia una vida llena de éxito, felicidad y realización. Cada página te inspirará a tomar el control de tu destino, a creer en ti mismo y a construir la vida que siempre has soñado.

Also by Gonzalo Estrada

Self Healing
Visualiza tu Éxito
Cultivando Líderes
Afirmaciones y Empoderamiento
Semillas de Cambio
Cómo convertir TikTok en una máquina de hacer dinero
Cómo hacer dinero con Pinterest
Cómo hacer un ensayo
Cómo Pedir un Aumento de Sueldo
Currículo Poderoso
Entrenamiento sin Violencia
Entrevista Laboral
Gana Dinero con X (Twitter)
Ganar Masa Muscular
Volver a Empezar; el arte de reinventarse
Analiza Resuelve Ejecuta
Aromatherapy, The natural path to your pet´s well being
Holistic Feeding
The ABC of Educating Your Pet
The Art of Cosmic Connection
The Art of Feng Shui applied to your Pets
From Scarcity to Abundance
The English Bulldog in The Family
The French Bulldog
Therapeutic Massages for Pets